이지원의
등대기행

발 행 일 2021년 8월 5일 초판 1쇄 발행

지 은 이 이지원
발 행 인 이헌숙
윤문/교정 김건아
북디자인 김학용
발 행 처 주)휴먼컬처아리랑
경기 양평군 옥천면 용천로 37
전 화 070-8866-2220
전자우편 thethinkbook@naver.com
등록번호 132-81-87282

www.휴먼컬처아리랑.kr

ISBN 979-11-6537-150-0 03910

이 책은 울산광역시 | 울산문화재단의
'2021 울산예술지원 선정 사업'의 지원을 받아 발간되었습니다.

이지원의
등대기행

지상의 끝자리,
그곳에 등대가 있었네

이지원 지음

작가의 말

***등대**는 세상 모두가 중심을 향해 달릴 때도*
더 이상 나아갈 수 없는 경계에 홀로 서 있다.
척박한 환경 속에서도 자존심을 세우듯 꼿꼿하게 서서
하얀 깃발 드높여 거친 풍랑을 받아내며 종소리로
짙은 해무를 걷어낸다.
외로움에 지쳐 있을 법도 한데,
자신의 숙명인 듯 저 홀로 땅 끝에 서서
매일 밤 세상을 향해 환한 빛을 보내고 있다.

지금을 살아가는 우리도 세상 끝자락에
홀로 선 듯 지독하게 외로울 때 있지 않던가.
삶에 지쳐 힘겨운 시간을 견디고 있다면,
사는 게 너무 바빠서 자신이 누군지도,
어디쯤 있는지도 몰라 헤매고 있다면…….
그래서 위로가 필요하다면 바다 건너,
먼 길 걸어 홀로 서 있는 등대를 한 번
찾아보면 좋겠다.

이왕이면 지상의 끝자리,

외딴 섬에 있는 등대로 가보자.

등대로 향하는 그 길은 당신의 잃어버린

시간을 찾아가는 길이 될지도 모른다.

그곳에서 우리는 자신의 상처와 화해하고

세상과 새롭게 소통하는 법을 깨닫게 되기 때문이다.

2021년 여름

등대로 이지원

프롤로그

저물어가는 가을날, 한 행사장에서 '등대여권'을 받았다. 짙은 바다 빛을 띠고 있는 표지에는 등대지도가 그려져 있었다. 우리나라 서해안과 남해안, 동해안에 자리한 열다섯 군데의 아름다운 등대가 갈피마다 밝은 빛을 뿜어내고 있었다. 순간, 가슴 속에서 한줄기 섬광이 휙 지나갔다. 그것은 마치 '무종'霧鐘을 처음 알게 되었을 때와 같은 느낌이었다.

사람은 누구나 삶이 버거워 종종 절망 속에 들 때가 있다. 그래서 우리는 늘 조금 행복하고 많이 불행하다고 여긴다. 그럴 때마다 사람들은 벗어나려고 몸부림을 치거나 또는 체념하면서 저마다의 방식으로 해결책을 찾는다. 그러나 생의 시간이 깊어질수록 외로움과 절망의 시간까지도 내 안의 또

다른 내가 되어 그저 끌어안고 받아들이며 살아가게 되는 것 같다.

벌써 십 년이 훌쩍 넘은 듯하다. 생각지도 못했던 일이 내 삶에 딴죽을 걸었다. 천금 같은 눈에 문제가 생긴 것이다. 시야가 점점 좁아지다가 종내에는 빛을 잃게 된다는 의사의 진단을 받고 나는 '시각장애인'이 되었다. 길가에 수북이 쌓인 노란 은행잎이 발길에 차이던, 저물어가는 가을이었다.

보통 사람으로 평범한 삶 속에서 썩 부끄럽지 않을 만큼 열심히 살았던 것 같은데 이런 일이 왜 나에게 일어난 것일까? 받아들이기 쉽지 않았다. 힘겨운 시간 속에서 넘어지고 엎어졌지만, 또 다른 시간이 나를 일으켜 세웠다. 자욱한 안개 속에서 길을 찾아 헤맬 때 무종을 알게 되었다. 무종은 기상악화로 항해하는 배가 안개 속에서 헤맬 때, 소리를 내서 위치를 알려주는 해무 신호기를 말한다. 나는 소리 나는 등대에 의지해 주어진 삶에 순응하기로 했다.

등대는 빛으로만 불을 밝히는 것이 아니었다. 소리가 빛이 될 수 있다는 것을 알게 되었다. 의사의 진단대로 내 앞의 안개는 점점 짙어가지만, 소리를 내어주는 등대가 주변에 있어 지금까지 잘 걸어올 수 있었다. 그런 나에게 등대 여권이 왔다.

이 특별한 여권을 받고 나자 그 안에 있는 모든 등대를 돌아보고 싶어졌다. 십수 년 전, 갑자기 드리운 안개 속에서 맥없이 넘어졌을 때 무종이 있어 견딜 수 있었던 것처럼, 이제 등대를 순례하며 앞날의 불안과 두려움을 극복해 보리라

마음을 다졌다.

혼자 다닐 수 있는 길이 아니라 여정이 결코 녹록지 않을 것이다. 그런데도 새로운 일을 앞에 둔 내 마음은 한껏 부풀어 있었다. 부푼 마음만큼 두려움도 컸지만 크고 작은 난관을 헤쳐 온 이력이 있는 자신을 믿고 다시 부딪쳐 보기로 했다.

나 또한 누군가의 등대가 되기를 바라며 희망의 빛, 등대 순례길에 돛을 올렸다.

CONTENT

등대 앞에 두고 온 간절한 마음

인천

—

팔미도등대

우리나라 아름다운 등대 열다섯 곳을 찾아 떠나는 여정, 나로서는 쉽지 않은 일이지만 힘든 일이기에 꼭 해보고 싶은 간절한 마음이 있었다. 간절함은 때로 많은 것을 가능하게 한다. 그 힘으로 나의 모험은 시작되었다.

초봄의 따사로운 볕살과 훈풍이 살랑대는 인천 연안부두, 우리나라에서 가장 오래된 팔미도등대를 찾아가는 길이다. 확 풀린 날씨에 제비가 날아올 것만 같다. 정오를 살짝 넘긴 바다는 은빛 윤슬로 눈부시다.

연안부두 광장에 낯익은 인형이 보인다. 러시아 인형 마트료시카다. 다산多産과 풍요를 상징한다는 인형이 왜 여기 있을까? 이곳을 '상트페테르부르크' 광장이라고 한다니 인천과 자매결연이라도 맺은 모양이다. 여느 여행객들처럼 나도 이국의 인형 앞에서 사진을 찍는다.

드디어 유람선에 오른다. 배가 보름 만에 출항한다니 전날 왔더라면 헛걸음이 될 뻔했다. 유람선에는 커다란 황금 물고기 한 마리가 우뚝 앉아 있다. 마치 이 배의 수호신 같아 마음이 든든해진다. 출항 전 몇 가지 주의사항과 여행지에 대한 간단한 소개가 이어진다. 팔미도는 인천항에서 뱃길로 오십 여분 거리에 있으며 군사보호 지역으로 해군이 주둔하고 있는 무인도이다.

복잡한 항구를 빠져나오자 유난히 긴 방파제 끝에 빨간 등대가 보인다. 방파제의 빨간 등대는 오른쪽에 장애물이 있으니 왼쪽으로 가라는 바다 신호등 같은 것이다. 예측할 수 없는 인생의 바다에도 저런 등대들이 있다면 시련에 드는 일이 조금은 줄어들지 않을까 하는 생각이 스쳐 간다.

서해대교가 보일 때쯤, 유람선 주변으로 갈매기들의 군무가 펼쳐진다. 활기찬 날갯짓을 보며 오전 시간을 통째 허비한 아쉬움을 털어낸다. 첫 배를 타려고 새벽부터 서둘러 왔는데 최소 인원에 못 미쳐 오전엔 출항하지 않았다. 오후 배를 타기 위해 네 시간 넘게 부두에서 기다려야 했다. 시간을 아끼려고 첫 배를 타러 왔다가 대책 없이 시간을 축내게 되

었다. 작정하고 계획했던 일이 시작부터 엇박자가 나니 그 다음 일정은 말할 것도 없었다. 판단을 유보하다 배표를 미리 알아보지 않은 것이 화근이었다.

서해대교를 지나 배는 남쪽을 향해 나아간다. 황금물고기 유람선이 뜨면 갈매기들이 몰려든다더니 배 위로 하늘 반 갈매기 반이다. 셔터를 마구 눌러도 작품 한 장쯤 건질 수 있을 것 같다. 갈매기들은 이 배가 나타나면 먹이가 있다는 것을 반복 학습을 통해 알고 있다.

너울도 바람도 없는 잔잔한 뱃길, 시작은 순조롭지 못했으나 조금씩 기분이 풀린다. 우리 삶에서 예기치 않는 일은 늘 있어왔고, 그럴 때마다 어떻게 마음을 먹는가에 따라 문제가 쉽게 풀릴 수 있다는 것을 오랜 경험을 통해 배웠다.

이 여행을 위해 내게 주어진 물리적인 시간은 나흘, 인천에서 갈 수 있는 소청도와 팔미도 두 군데 섬을 여유 있게 갈 수 있는 시간이지만 결국, 하루 만에 다녀올 수 있는 팔미도로 가고 있다. 바닷길은 변수가 많기 때문이다. 특히 봄에는 안개가 잦아 뱃길이 자주 끊긴다는 것을 이번에 알게 되었다. 휴가를 낸 딸과 함께여서 시간이 아깝다고 무리할 수는 없는 일이다. 세상의 변수는 사람을 좌절시키기도 하지만 삶의 이치를 깨치게도 하지 않던가.

팔미도가 점점 가까워진다. 난생처음 찾아가는 섬, 1903년에 처음으로 불을 밝힌 우리나라 최초의 등대가 있다. 지금 그곳으로 가고 있다.

'등대여권'을 받고 등대를 찾아 나서기로 한 것은 2017년 겨울 무렵이었다. 내가 사는 곳에 있는 울기등대를 비롯해 동해안에 있는 등대들은 내륙에 접해 있어 비교적 찾아가기가 쉬운 곳들이다. 한겨울 혹한을 견디면서 날 풀리면 본격적으로 서해안을 돌기로 마음을 먹었고, 그 첫 번째로 찾은 곳이 서해 팔미도등대다. 등대 순례의 시작점을 이곳으로 삼고 싶었다.

팔미도에 닿았다. 배에서 내리자 맞선이라도 보는 것처럼 가슴이 두근거리고 긴장과 흥분이 교차한다. 하늘에서 내려다봤을 때 여덟 팔자八尾의 꼬리를 닮았다 하여 붙여진 이름 팔미도. 1903년에 처음으로 불을 밝힌 팔미도등대는 백 년 동안의 소임을 끝내고 지금은 인천광역시 유형문화재로 지정되어 안식에 들었으며 2003년 신 등대가 지어졌다.

세월은 가고 오는 것, 한국전쟁의 인천상륙작전 당시 상륙함대의 이정표 역할을 했으며 서해를 오가는 수많은 뱃길을 밝혔던, 그 시간이 고스란히 스며든 등대, 백 년을 오롯이 바닷길을 비춘 등대. 고단한 서해의 풍파를 견뎌낸 등대다. 모진 풍파를 견디며 잘 살아낸 사람을 보듯 백 년을 넘게 산 늠름한 등대 앞에 서니 절로 숙연해진다.

구 등대보다 높은 자리, 더 높이 솟아 있는 신 등대 안으로 들어간다. 아담한 공간 유리벽에 여러 지역의 등대 사진이 바다를 배경으로 전시돼 있다. 바닥에는 우리나라 지도가 그려져 있어 이채롭다. 내가 지금 있는 곳을 찾아보니 떠나온 곳에서 꽤 멀리 와 있다는 것이 실감 난다.

전망대에서 서해를 바라본다. 사방으로 펼쳐진 바다는 지금, 너무나 아름답고 평화롭다. 하지만 동해나 남해와는 사뭇 다른 느낌이다. 이곳이 부산보다 중국에 더 가깝고 북한이 가까워서일까? 왠지 모를 긴장감이 흐르는 것 같다.

유람선을 함께 타고 온 사람들의 표정이 봄볕처럼 화사하다. 저들은 이곳에서 무엇을 느끼고 있을까? 나처럼 희망의 씨앗 하나 품으러 온 것일까? 겨울을 털어내고 봄 마중을 나온 것일까? 아무렴 어떤가. 사람의 삶이 거창한 것 같아도 결코 그렇지 않다는 것을 이즈음의 나는 시시때때로 느낀다. 즐길 수 있을 때 즐기며 마음먹었을 때는 미루지 말 일이다.

오래된 등대 앞에 다시 선다. 이 순례길이 무탈할 수 있도록 마음을 담아 두 손을 모은다. 작은 섬을 한 바퀴 돌고 나자 그새 떠날 시간이 되었다. 파란 하늘 위로 갈매기 한 마리가 희망의 깃발처럼 높이 날아오른다.

안개바다를 건너다

인천

—

소청도등대

서해 소청도에 들다

이곳까지 오는 데 얼추 열두 시간쯤 걸린 것 같다. 일주일 전, 배표를 예매할 때만 해도 이렇게 될 줄은 몰랐다. 늘 그렇듯 사는 일은 뜻대로 마음먹은 대로 되지는 않는다. 유쾌한 일이 하나이면 답답한 일이 아홉이고, 승리가 하나이면 패배가 아홉이라고 한다. 우리네 삶에서 행복과 불행의 균형은 비례하지 않는다는 것을 잘 알고 있기에 섬에 무사히 도착했다는 것만으로도 행복하다.

옅은 안개가 펴져 있어서일까. 우리가 건너 온 바다는 몽환적인 느낌을 물씬 자아낸다. 현실 세계가 아닌 것 같은 이 기분은 섬이라는 고립된 공간과 안개 드리운 바다 때문인지도 모른다. 하룻밤을 묵기 위해 찾은 민박집도 바다를 망연히 내려다보고 있다.

방에 들자마자 누가 먼저랄 것도 없이 누울 곳부터 찾는다. 새벽길을 나서 다 저녁에 도착했으니 오죽할까. 두 사람 겨우 누울 수 있는 작은 방이 그렇게 아늑하고 편안할 수가 없다. 천신만고 끝에 바다를 건너와 몹시 피곤했지만, 마음은 어떤 어려움도 받아들일 준비가 돼 있다.

평일임에도 여객선 터미널은 북새통이었다. 해상의 짙은 안개로 배들이 제시간에 떠나지 못하고 있었다. 아침 여덟 시 삼십 분에 출발하는 배를 타기 위해 그녀와 나는 서울에서부터 새벽길을 달려왔는데 출항이나 할 수 있을지 알 수 없는 상황이 되었다. 실은 오늘이 두 번째 시도였다. 한 달 전에 예매한 표는 풍랑으로 취소되어 이번에 다시 날을 잡아 온 거였다. 풍랑과 해무로 인해 자주 결항이 되는 바닷길은 표를 손에 쥐고도 배가 떠날 때까지 안심할 수가 없었다.

우리가 가려는 소청도는 서해 5도 중 하나이다. 지도를 펼쳐 놓고 내가 사는 지점에서 선을 그어보면 동남쪽에서 서북쪽으로 긴 대각선이 이어졌다. 먼 길이었지만 육로로 이동하는 것은 별문제가 되지 않았다. 배를 타는 일이 생각보다 힘들다는 것을 이번에 몸소 체험하게 되었다. 바닷길은 우리가 원하는 때에 맞춰 순순히 길을 열어주지 않았다.

그녀와 내가 탈 배는 오전 열 시까지 대기라고 했다. 오전 열 시였던 대기는 오후 한 시까지 이어졌다. 시간은 더디게 흘렀지만, 어느 순간, 모니터에 '승선 준비 중'이라는 글자가 꽃처럼 피어올라 반짝거렸다. 무려 여섯 시간을 기다린 끝에 우리는 배를 탈 수 있었다. 계속 결항하는 배를 보면서도 설마, 우리 배도 못 뜨는 거 아닐까? 이번에도 못 가는 걸까? 하는 불안한 생각까지 들던 지루한 기다림의 시간이 출항의 기쁨에 봄눈 녹듯 사라졌다.

오랜 세월을 알고 지낸 그녀는 나보다 서너 살 아래지만 아래위를 알고 주변을 두루두루 살피는 속 깊은 사람이다. 언제나 마음을 다해 사람을 대하니 다들 그녀를 좋아했으며 그녀 또한 자신의 인생을 참으로 열심히 살아온 사람이다. 그런 그녀에게 우환이 닥쳤다. 우리의 삶이 누구에게나 평탄한 길만 펼쳐 주지 않듯이 지금, 그녀는 인생의 고빗길을 걸어가고 있다.

이번 등대 순례길에 함께할 수 있겠냐고 내가 물었을 때, 그녀는 그 누구보다 흔쾌하게 같이 가자고 했다. 약시로 혼자 다니기 불편한 내가 어디를 갈 때 동행할 사람을 찾는 일은 쉽지 않다. 나도 편해야 하고 상대도 편해야 하는데 그것이 참으로 어려운 일이라 누구에게나 함부로 부탁할 수도 없는 내 입장은 늘 조심스러울 수밖에 없었다.

짙은 해무와 풍랑에 배가 나아가지 못하는 바다처럼, 인생의 바다도 마찬가지다. 한 치 앞도 보이지 않는 안개 속을 걷고 있는 그녀도 가끔은 현실을 다 떨쳐버리고 싶을 때가 있을 것이다. 나라고 별다를까. 삶의 파고를 넘다 보면 누구에게나 해방구가 필요하지 않던가. 그래야 다시 견디고 버틸 수 있으니까.

섬으로 향하는 배 안에서 그녀가 그간의 시리고 아린 이야기를 담담히 풀어내는 동안 나는 가만히 들어줄 수밖에 없었다. 그녀의 속 이야기에 귀 기울이는 것이, 그녀에게 조금이나마 위안이 된다면 나 또한 고마운 일이기에.

섬마을 민박집에서 소박한 저녁을 먹고 마을 구경을 나선다. 물 울타리 둘러친 작은 마을은 해 질 무렵까지 엷은 안개에 젖은 듯 가라앉아 있다. 방파제 끝에 서서 안개 바다를 본다. 짙은 해무는 연무로 바뀌었으나 흐린 하늘 때문인지 여전히 알 수 없는 우리의 내일처럼 수평선이 보이지 않는다.

육지의 삶은 잠시 남겨둔 채, 그녀와 나는 배낭 하나 달랑 짊어지고 저 바닷길을 건너왔다. 이대로 사나흘쯤 갇혀도 좋을 것 같다. 아니, 그러고 싶다. 어둠이 내리자 가로등이 하나둘 불을 밝혀 물 울타리를 비춘다. 바다도 섬도 고요에 든 시간, 우리는 캄캄한 바다를 응시하며 생각의 바다에 빠져든다. 인생의 답은 저 바다에도, 이 섬에도 있지 않다는 것을 오랜 침묵으로 대신하고 있는지도 모른다.

누구에게나 처음인 인생, 우리는 시행착오를 거듭하며 산다. 굳건한 의지만으로 살아지는 것도 아니다. 안개 바다 하나씩 가지고 살면서도 아닌 것처럼 살아갈 뿐. 살아보니 쾌청한 날에도 갑자기 먹구름이 드리우고, 폭우가 쏟아지다가도 갠 하늘이 나타나며 때로는 스스로 안개 속에 들어가기도 하더라. 그래도 삶이란 안개 속이든 비바람 속이든 그저 그러안고 가야 한다는 것을 이제는 안다.

밤안개로 온몸을 적신 채 민박집으로 돌아오는 길, 손바닥만 한 가게에 들러 맥주 한 캔과 소주 한 병을 산다. 술 한 잔 마시지 않고는 잠들지 못할 섬마을의 밤이다.

안개, 걷히다

소청도에서 맞는 아침이다. 섬에는 전날 들어왔으나 바로 등대에 갈 수 없었다. 안개로 출항이 지연되어 이곳에 닿기까지 한나절 넘게 걸렸기 때문이다. 모든 일에는 변수가 따르기 마련이다. 계획에 차질이 생겼지만, 마음을 느긋하게 먹는다. 등대 방문은 다음 날, 그러니까 오늘로 미뤄졌을 뿐이다.

익숙하지 않은 공간에서 맞이하는 아침이 색다른 기분을 안겨준다. 섬마을의 아침을 보기 위해 창을 여니 어제처럼, 마을은 망사 커튼으로 한 겹 가린 듯 연무를 드리우고 있다. 뭍사람을 경계라도 하는 것인지 섬의 속살을 쉬이 보여주지 않는다. 창밖에 눈을 팔고 있는데 식사하라며 주인장이 부른다. 일정이 빡빡한 것도 아니고 챙겨야 할 가족이 있는 것도 아니다. 내 한 몸 채비하여 배낭 하나 꾸리면 그만이다. 번잡한 도시의 일상을 떠난 단출한 아침, 이 얼마나 여유로운지! 입꼬리가 절로 올라간다.

소청도는 인천에서 서북방 210km 거리에 위치한 대청면에 속해 있는 작은 섬이다. 조선 시대 명종 이전까지는 소암도라 하였으나 그 후 수목이 무성한 섬이라 해서 대청도와 함께 소청도小靑島로 불리고 있다. 100호 남짓한 마을 서쪽 끝머리에 등대가, 그 반대편에는 분처럼 하얗다는 분 바위가 있다.

등댓길은 잘 닦인 임도로 왼쪽에 서해가 펼쳐진다. 날은 갤 듯 말 듯 아리송한데 연무를 뚫고 비치는 햇살이 따갑다. 선도 높은 공기를 깊이 들이마시며 발걸음도 가볍게 길을 걷는데 그녀의 얼굴이 한결 밝아 보인다. 덕분에 이런 곳에 오게 되었다며 좋아하니 나 역시 기분이 좋다.

갈림길에 서서 이정표를 보며 방향을 잡는다. 아진 포구와 탑동 선착장으로 가는 길도 안내하고 있다. 어렵게 온 곳이라 다 가고 싶지만 배 시간에 대려면 그 마음을 접어야 한

다. 해풍 맞고 자란 쑥이 길섶에 소복하다. 돌아오는 길에 쑥을 뜯어가자며 그녀가 밝게 웃는다. 한적한 섬마을 길에는 우리 두 사람뿐이다. 먼저 가려 뛸 필요도, 남의 눈치 살필 필요도 없는 길에서 바다 저편에 두고 온 일상을 생각한다. 생존경쟁에서 밀리지 않으려고 안간힘을 쓰며 제대로 쉬지도 못하는 지친 삶들이 아른거린다.

오십 분쯤 걸었을까. 아직 걷히지 않은 안개 속에서 등대가 어렴풋이 자태를 드러낸다. 서해 최북단에 자리한 소청도등대, 중국과 인천을 잇는 해상과 휴전선 부근을 지나는 선박들에게 불을 밝히는 등대다. 1908년 1월 1일에 처음 불을 밝혔으니 이 등대도 백 년이 넘었다.

등대가 가까워지자 절로 옷깃을 여미게 된다. 등댓길을 순례하면서 생긴 버릇이다. 묵묵히, 외

로움 안으로 삼키며 오랜 세월 언제나 그 자리를 지키고 있는 등대, 그 당당함에 압도되는 기분마저 든다. 대문 없는 입구에는 '소청도등대 항로표지관리소'라는 목판이 세로로 붙어 있고 참나무, 고로쇠나무들이 내려다보는 굽어진 길을 오르면 '인천지방해양수산청 소청도등대'라는 표지석이 방문객을 맞이한다.

등대 사무실에 노크하자, 근무 중인 등대장이 반갑게 맞아준다. 어제 잠깐 통화를 해서인지 구면인 듯 어색하지 않다. 사무실 창밖으로 망망한 바다만 보인다. 이곳에 흐르는 공기는 뭐랄까, 복작대는 도시의 공기와는 확연히 다르다. 잠시 왔다 가는 우리야 이 고적함도 즐김의 대상일 수 있지만, 이곳에 있는 사람들의 외로움은 어찌하나. 순간, 감정이 입이 되어 살짝 당황스럽다. 세상에는 이렇듯 우리가 미처 알지 못하는 곳에서 묵묵히 일하는 분들이 있다.

차분한 목소리의 등대장은 손수 차를 내왔다. 여기 오기까지 얼마나 힘들었는지 모른다며 호들갑을 떨자, 인천에 집이 있는 그는 부인이 한 번 오려 해도 쉽지 않단다. 배를 타러 나왔다가도 결항하는 일이 빈번하여 아예 올 생각을 못 한다는 것이다. 그 말을 들으니 어쩌다 여기까지 온 내가 괜스레 미안해진다. 가족이 보고 싶어도 마음대로 오갈 수

없다는 것이 얼마나 고통스러운 일일까. 애잔한 마음에 얼른 화제를 바꾼다. 맑은 날에는 등대에서 황해도가 보인다고 한다. 황해도라……. 가본 적이 없는 곳이라 그런지 멀게만 느껴지는 지명이다.

자연스레 등대 이야기로 넘어간다. 포항 호미곶에 있는 등대 박물관에서 '수은조식회전등명기'를 보았다고 하자 이곳 등대도 같은 방식의 등명기라고 한다. 첫 불을 밝힌 이래 지금까지 사용 중이라고 한다. 나선형 계단을 따라 등대 꼭대기까지 올라가 바다를 비추고 있는 등명기를 보게 된 것은 뜻밖의 행운이다. 밤이면 이 불빛이 바닷길을 30km까지 비춘다.

등대 앞에 서 있다. 그사이 안개가 걷히고 잔잔한 바다에는 봄 햇살이 부서져 내린다. 등대 난간에 서서 그녀와 나는 어제 건너온 바다를 본다. 하룻밤 사이 얼굴을 바꾼 바다다. 연 하늘빛 바다 위에 부서진 햇살은 은가루를 뿌려 놓은 듯 환상적으로 반짝인다. 세상이 날마다 이렇게 반짝인다면 이처럼 아름답게 느껴질까.

바다에 시선을 던져둔 채, 등대에 기대어 삶에 지친 마음을 어루만지며 스스로를 위로한다. 어머니의 너른 품처럼 수평선이 펼쳐진 바다는 바라보기만 해도 마음이 편안해진다. 뭍에서 불쑥 찾아온 길손을 따뜻하게 맞이해 준 등대장과 사진을 찍으며 이곳에 온 흔적을 남긴다.

때로는 섬처럼 자신을 고립시켜 볼 일이다. 행복과 불행의 균형이 맞지 않는다고 슬퍼하거나 억울하다고 하소연하지도 말자. 안개 바다를 건너 등대를 만나러 온 시간, 그 등대가 내게 속삭인다. 행복해지고 싶다면 주어진 삶에 순응하라고 그러면 마음에 드리운 안개도 서서히 걷힐 것이라고.

꽃동백 한 송이 피워 올린 등대가 있었네

군산

—

어청도등대

오래전, 시인이 쓴 《포구 기행》을 읽은 적이 있다. 그 안에서 나는 '어청도'라는 섬을 알게 되었다. 젊은 날, 걸어서 무전여행을 했기에 그는 배를 탈 수 없었다고 했다. 긴 시간 동안 어청도에 가기를 꿈꾸면서 온통 푸른 빛, 푸른색에 마음을 빼앗기고 있었다는데 책을 읽던 나도 덩달아 어청도에 빠져드는 기분이었다. 정말 그곳에 가면, 그 섬에 가면 모든 것이 푸르기만 할까? 나 역시 그곳에 가기를 꿈꾸며 푸른 섬이 생각날 때면 승려 현담이 쓴 '모시조개'라는 시를 찾아 읽곤 했다.

당신은 어청도로 가자고 한다 더 먼 데 어느 깊은 섬으로 가자고 한다 주인 없는 그곳에다 집 하나 지으러 가자고 한다 이미 눈발 가득한 목소리로 섬에는 동백꽃, 섬에는 등댓불 빨갛게 불을 밝힌 눈빛으로 서해 먼 곳으로 가자고 한다 당신의 고운 노을 아래 잔잔히 빛나던 바다는 어린 게들처럼 모래 속에 숨어들었는지 자꾸만 눈물 속에서도 모래알이 묻어나오는 먼 서해에 가자고 한다 작은 배 하나를 만들어 당신의 하염없는 등댓불을 물결쳐 가자고 한다

그로부터 오랜 시간이 흘렀고 마침내 어청도에 가게 되었다. 군산항에서 출발하는 '어청훼리호'는 구월 말까지만 하루에 두 차례 뜬다고 했다. 여름 두어 달 빼면 배는 하루에 한 번만 육지와 섬을 이어주었다. 첫 배를 타기 위해 전날 군산으로 왔다. 군산항 근처에서 하룻밤 묵으려 했으나 컴컴한 항구 주변으로 숙소가 보이지 않았다. 왜일까? 의문이 일었지만, 딱히 물을 곳이 없었다.

차로 이십 분쯤 나가 숙소를 잡았는데 주말 저녁인데도 썰렁하기만 했다. 낯선 도시에 들면 그곳만이 지니는 독특한 분위기가 있다. 이 도시는 지친 듯, 가라앉은 듯 무거운 공기가 흘렀다. 항구를 낀 도시답지 않게 활기가 느껴지지 않았다. 지역 경제를 떠받치던 큰 기업이 떠나고, 자동차 회사가 문을 닫고, 노동자들이 일터를 잃었다. 그들과 더불어 생계를 이어가던 상인들도 마찬가지였다. 뉴스로 접하던 일들이 내 일처럼 피부에 와 닿았다.

아침 배를 타야 했기에 서둘러 잠자리에 들었지만 잠이 쉬이 오지 않았다. 한때 나는 자칭 여행에 최적화된 사람이라고 생각했다. 어디에서든 머리만 대면 잘 잤기 때문인데 언젠가부터 잠자리가 바뀌면 밤새 몸을 뒤척이는 일이 잦아졌다. 변하지 않는 것은 세상 어디에도 없다더니 나 역시 예외는 아니었다. 설핏 잠이 들었나 싶었는데 일어나야 할 시간이다. 서둘러야 했다.

눈곱만 뗀 채 여객선 터미널로 갔다. 터미널이 한산했다. 그동안 다녔던 항구와 사뭇 달랐다. 아직은 휴가철인데 넓은 대합실에 사람은 별로 보이지 않아 참으로 의아했다. 배표를 끊고 아침을 먹으러 매점에 갔다. 우동과 김밥 한 줄을 주문하면서 주인장에게 물었다.

"근데 왜 이렇게 사람이 없어요?"

주방에서 김밥을 말던 주인이 말했다. 선유도에 다리가 놓였다며 지금도 곳곳에 다리 공사가 한창이라고 했다.

"우리 매점도 한때는 줄을 서서 손님들이 기다릴 만큼 북적댔다오."

이곳에서 평생을 보낸 것 같은 노老 주인이 아련한 눈빛을 바다로 던지며 말했다.

"그동안 많이 버셨겠네요?" 내가 웃으며 묻자, 먹고 사는 것은 끄떡없다고 했다. 주름진 얼굴에 성실함과 열심히 살아온 흔적이 고스란히 묻어났다.

다리가 연결된 섬마을은 더 이상 섬이 아니었다. 드넓은 개펄을 메워 육지로 만든다는 서해안 간척사업, 말도 많고 탈도 많았던 새만금 간척사업이 끝나고 이제는 섬을 잇는 다리 공사가 한창인 모양이었다. 항구는 영화로웠던 시간을 그리워하며 쇠락해 가는 듯했다. 한쪽에서 환호할 때 다른 한쪽에서는 한숨 짓는 것이 세상의 이치인가. 역사는 흐르는 시간 속에서 영고성쇠榮枯盛衰를 거듭하며 변화해 간다는 말이 새삼 떠올랐다.

유례없는 더위는 팔월 중순이 되어도 기세등등했다. 길을 나서야 할지 말아야 할지 고민이 되었으나 미루다 영영 가지 못할까 봐 마음을 낸 것이다. 여수와 목포를 거쳐 군산으로 오게 되었다. 막상 나서니 못 다닐 만큼은 아니었다. 한 달 넘게 지속된 폭염에 어느 정도 적응이 되기도 했다.

드디어 푸른 섬으로 데려다 줄 배를 탄다. 태양이 이글거리는 하늘은 더없이 맑고 바다는 진청색으로 일렁인다. 어청도로 가는 배 안에도 승객은 많지 않다. 쾌속선은 물보라를 일으키며 바닷길을 미끄러지듯 시원스레 달린다. 어젯밤과 오늘 아침에 느꼈던 착잡한 심정은 하얀 물보라 속으로 빨려 들어가는 듯했지만, 편치 않은 마음은 쉽게 가시지 않는다. 그런 내 마음과는 달리 바닷길을 박차고 나가는 배와 짙어서 더욱더 푸른 바다는 나를 어청도로 이끌고 있다.

어청도는 물이 맑기가 거울과도 같아 붙여진 이름이다. 어청도의 '청'은 맑을 청淸이 아닌 푸른 청靑자를 쓴다. 푸른 청이 된 사연인즉 BC 202년경 중국의 한고조漢高祖가 초항우楚項羽를 물리치고 천하를 통일한 후 패왕 항우가 자결하자 재상 전횡이 군사 500명을 거느리고 망명길에 올랐다.

돛단배를 이용하여 서해를 목적지 없이 떠다니던 중 중국을 떠난 지 3개월 만에 이 섬을 발견하였다. 그날은 쾌청한 날씨였으나 바다 위에 안개가 끼어 있었는데 갑자기 푸른 산 하나가 우뚝 나타났다. 전횡은 이곳에 배를 멈추도록 명령하고 푸른 청靑자를 따서 어청도於靑島라 이름 지었다는 이야기가 전해져 오고 있다.

군산으로부터 북서쪽으로 약 72km, 중국 산둥반도와는 약

300km 정도의 거리로 개 짖는 소리와 닭 우는 소리가 들릴 정도라고 한다. 그만큼 가깝다는 뜻이겠지만 그래도 그렇지 중국다운 비유에 웃음이 절로 난다.

세 시간 가까이 걸린다는 뱃길은 시간을 훌쩍 앞당겨 두 시간 만에 섬에 내려 준다. 배에서 내리니 후끈 달아오른 갯바람이 온몸을 휘감는다. 어청도에 첫발을 떼며 주변을 둘러본다. 선착장에는 갈매기가 한가로이 날고 배들은 다음 출항을 위해 휴식에 든 모습이다.

나무계단을 올라가니 바다를 향해 서 있는 이층 목조건물이 늠름한 자태로 사람들을 맞이한다. <신흥상회>라는 간

판이 붙어 있다. 배표도 팔고, 민박도 치고 음료수나 간식 등을 파는 다목적 가게다. 오래전에 읽은 책 속에 등장하지 않은 것으로 보아 생긴 지 그다지 오래되지 않은 것 같다. 대신 책 속에 열거돼 있던 가게들은 별로 보이지 않는다. 그 사이 이곳에도 변화가 있었다는 말이다. 생수와 간식을 사며 등대 가는 길을 물으니 오른쪽으로 난 길을 따라가면 된다고 친절히 알려준다. 상당히 더우니 조심해서 다녀오라는 말도 잊지 않는다.

비켜 지나간 태풍의 영향으로 후끈한 열기 속에서도 바람이 간간히 불고는 있지만 삼사십 분 정도 산길을 올라가야 한다. 땀을 흘리며 오르막을 걷는데 눈 앞에 펼쳐진 어청 바다는 눈에 담기도 버거울 만큼 가슴 가득 뭉클한 풍광을 선사한다. 한여름의 풀들이 지친 기색도 없이 초록초록 생기발랄하고 고요한 산길에 새소리만 적막을 깨운다.

첫 번째 쉼터가 보인다. 땀을 씻고 목도 축이기로 한다. 여유로운 시간에 바쁘게 가야 할 이유도 없다. 휘돌아 올라온 산길 아래 선착장이 보이고 해안선 위로 산허리를 감고 있는 목책 길이 보인다. 왕복 네 시간이 걸린다는 트레킹 코스다. 날씨만 선선했더라면 나도 저 길을 걸었겠지만 멀리서 바라보는 것도 나쁘지 않다. 다음을 기약할 수 있으니까.

몸을 일으켜 다시 길을 걷는다. 숲에서는 산새가 애절하게 짝을 찾고, 길섶에는 여름 꽃들이 눈 맞추고 가라며 걸음을 멈추게 하는데 고맙게도 시원한 바람이 분다. 아무도 찾지 않는 지상의 끄트머리, 그러나 땅 끝에서 가장 아름다운 곳에 등대가 있다. 나는 그곳으로 가는 중이다. 그렇게 산길을 따라 오르기를 삼십 여분, 오른편 저 멀리 붉은 꽃 머리에 올린 등대의 상반신이 눈에 들어온다.

사진으로 미리 보았지만 역시 실물을 보는 것만큼 감동적인 것은 없다. 그러기에 발품을 팔고 시간을 들여 우리는 '그곳'으로 가는 것이리라. 시간이 정지된 듯 아무도 없는 적막한 길을 걸어 마침내 등대 입구에 닿는다.

동백 한 송이 피워 올린 등대를 만나다

등대로 들어가는 입구에는 대문 없는 돌기둥에 '어청로길 240'이라는 지번과 '어청도항로표지관리소'라는 명찰이 붙어 있다. 그곳을 통과하는데 천국 문을 지나는 기분이 이런 것일까 하는 생각이 든다. 완만한 경사로를 오르면 오른쪽에 사무동이 있고 마당 가운데 이곳의 연혁이 표시된 돌고래 조형물이 자리한다. 등대는 돌담 아래 절벽 끝단에 서 있다.

지금까지 열 곳도 넘는 등대를 보았지만 가는 곳마다 멋지고 아름답다는 생각을 했다. 그런데 어청도등대는 내가 만난 그 어느 등대보다 다른 느낌으로 다가온다. 그것은 자연 그대로의 입지 조건에 가장 부합된 자연스럽고 안정적인 모습을 하고 있기 때문인지도 모른다.

등대와 주변 절경에 한동안 말을 잇지 못하다가 정신없이 셔터를 누른다. 수평선은 더없이 선명하고, 하늘은 또 얼마

나 파란빛이 고운지 바다는 더할 나위 없는 짙푸름으로 빛나고 있다. 이 모든 것을 배경 삼아 꽃 동백 머리에 인 하얀 등대가 환상적인 자태로 서 있다.

아름답게만 보이는 어청도등대는 일제강점기인 1912년 3월에 대륙진출의 야망을 지닌 일본의 정략적인 목적에 의해 세워졌다. 어청등대는 군산항과 우리나라 서해안의 남북항로를 운항하는 모든 선박이 이용하는 중요한 등대이다. 등탑은 백색의 원형 콘크리트 구조이며 조형미를 살리기 위하여 등탑 상부를 전통 한옥의 서까래 형상으로 만들어 보존가치가 높은 등대이기도 하다. 또한, 상부 홍색의 등롱과 하얀 페인트를 칠한 등탑, 그리고 돌담이 조화를 잘 이루고 있어 그 모습이 바다와 무척 잘 어우러져 다른 등대보다 자태가 유난히 아름답다. 고도 61m에 위치하여 약 37㎞ 떨어진 바다에까지 불을 비춘다.

절경에 취해 있다가 사무실을 찾았는데 문이 잠겨 있다. 전화를 하니 마을에 일이 있어 내려갔다가 오고 있다며 잠시만 기다리라 한다. 유인등대는 등대장을 비롯해 모두 세 명의 직원이 돌아가며 근무를 한다. 그동안 내가 만난 등대원들은 대체로 조용하고 외지 사람들과 접촉하는 것을 꺼렸는데 등대를 다니다 보니 그것은 어쩌면 자연스러운 현상이 아닐까 하는 생각이 들었다.

섬이라는 고립된 공간, 그곳에서도 인적 드문 고도, 종일 말 한마디 나눌 상대가 없는 곳에 그들이 있다. 사연 없는 인생이 어디 있을까마는 이곳에 있는 분들에게 말을 붙이기도 쉽지 않다. 시간이 허락되고 그분들만 괜찮다면 많은 이야기를 나누고 싶지만, 그것 역시 나의 이기심인 것 같아 욕심을 버린다.

등대 왼편에서 보이는 바닷가 풍경 또한 절경이다. 바다 끝에 정자가 있고 점점이 박힌 바위 앞에 키 작은 등대가 있다. 우거진 숲을 헤치고 낡은 나무계단을 아슬아슬하게 내려서니 '어청도 영해 직선기점 영구시설'이라는 표기가 있다. 이것은 우리나라 영해가 시작되는 위치를 알려 주기 위하여 설치된 시설이다. 키 작은 등대가 바로 영구시설로서 모양은 첨성대를 형상화하였다. 바닷물의 높이, 정밀 위치, 기상 등 각종 관측을 수행하고 있으며 이곳으로부터 12해리(약 22km)까지가 우리나라 바다라는 뜻이다.

정자에는 구유정鳩游亭이라는 현판이 붙어 있다. '새들이 모여서 편안하게 놀다 가는 곳'이라니 오늘은 나도 새가 되어 이곳에서 노닐고 싶어진다. 등대를 바라보다 바다와 하늘을 보고 날아다니는 갈매기와 노닥거리다 붉은 노을 속에 잠겨 보고 싶다. 판소리 한 자락 뽑을 수 있다면 금상첨화겠다. 구유정에 앉아 바라본 어청도의 풍광은 '내 마음의 풍경'이 되어 오래도록 남을 것 같다.

사무실 앞 정자에서 그를 만났다. 순박한 인상을 지닌 분이다. 말이 별로 없는 분이라, 나도 말을 줄인다. 어느 순간 경계를 푼 그가 이런저런 이야기를 풀어낸다. 가족과 함께 하지 못하는 것이 가장 힘든 부분이라면서 첫 아이를 낳을 때도 아내 곁을 지키지 못했다고 한다. 미관말직에 열악한 환경이지만 등대를 지킨다는 사명감으로 살고 있다는데 속사정을 잘 모르는 사람들의 말에 상처받는 일이 종종 있다고 한다. 경치 좋은 곳에서 편하게 근무하니 좋은 것 아니냐고 한다며 그가 씁쓸하게 웃는다.

그의 이야기를 들어주는 것 말고는 할 수 있는 일이 없다. 듣는 내내 마음이 편치 않다. 서로 중심을 차지하려 아귀다툼을 벌이는 세상과 동떨어진 척박한 땅에서 그는 등대와 더불어 변방을 지키며 묵묵히 바다의 역사를 짓고 있다.

그는 자신의 말을 귀담아 들어주고 공감해 주어 감사하다고 한다. 갑자기 마음 한쪽이 저릿해진다. 그저 귀를 열어 주었을 뿐인데 이런 치사를 들어도 되는 것일까? 나는 푸르디푸른 바다로 눈길을 보낸다.

서해 먼 곳 어청도에 가면 동백꽃 한 송이 머리에 올린 아름다운 등대가 있고, 그곳에는 날마다 등댓불을 밝히며 사는 등대 같은 사람이 있다.

비경을 간직한 붉은 섬에서 삶의 진한 향기를 맡다

목포

—

홍도등대

유달산에 오르다

늦은 오후, 홍도를 가기 위해 목포에 왔다. 목포항에서 배를 타야 했기 때문이다. 등대를 순례하면서 처음 발을 딛는 곳이 많다. 목포도 홍도도 나에게는 처녀지다. 목포는 처음 온 곳인데도 낯설지 않다. '목포의 눈물'로 잘 알려진 곳이라 그런지 왠지 친숙하게 다가온다. 열기를 가득 문 팔월의 해는 서쪽으로 길게 늘어지고 있다.

홍도는 다음 날 아침에나 들어갈 수 있으니 여유롭게 유달산에 올라본다. 유달산은 목포의 상징이기도 하다. 노령산맥의 큰 줄기가 무안반도 남단에 이르러 마지막 용솟음을 한 곳, 높이 228.3m로 그리 높지 않지만, 노령산맥의 맨 마지막 봉우리이자 다도해로 이어지는 서남단의 땅 끝에 있는 산이다. 유달산은 예로부터 영혼이 거쳐가는 곳이라 하여 영달산이라 불리었으며 도심 속에 우뚝 솟아 목포시와 다도해를 한눈에 굽어보며 이곳 사람들에게 끊임없이 예혼藝魂을 일깨우고 있다.

해질녘, 유달산 조각공원에서 작품을 감상하며 천천히 걷는다. 유유자적, 넉넉한 마음이 되는 것은 여행자만이 누릴 수 있는 여유일 것이다. 자연과 조화롭게 어우러진 조각품들이 다양한 모습을 보이며 눈길을 끈다. 쉬엄쉬엄 오르니 매점이 나온다. 매점이라는 평범하고 딱딱한 이름이 어울리지 않는 고급스러운 분위기다. 차를 시켜놓고 내부를 둘러보는데 나무 기둥이며 넓은 창이며 소품 하나하나가 예사롭지 않다. 해초류로 '누름꽃'을 만들어 놓은 작품들이 벽 곳곳에 전시돼 있다. 주인이 바다풀로 만든 작품이란다. 한눈에 봐도 공력이 많이 들어갔다는 것을 알 수 있다.

통유리창 너머 유달산 아래 풍경을 눈에 담으며 차를 마신다. 땀을 씻고 다리쉼을 하다 천천히 내려가는 길, 목포 앞바다에 노을이 곱게 물들고 노을 속에 든 도시는 차분하게 하루를 마감 중이다. 산을 내려오니 그새 어두워졌다. 여수에서 늦은 점심을 먹어서인지 저녁 생각이 없다. 항구 근처 숙소에 들어 내일의 일정을 채비하며 잠자리에 든다.

홍도 가는 길

시계 알람보다 먼저 일어나 습관적으로 날씨를 살핀다. 태풍 소식이 있어 걱정되긴 했지만, 뱃길은 순탄할 것 같다. 숙소에서 소개해 준 식당에서 아침을 먹는데 꽃게 들어간 콩나물 해장국이 일품이다. 게다가 주인장은 저렴하게 주차할 수 있는 곳도 친절하게 알려준다. 작은 배려에 감사한 마음이 되어 좋은 인상으로 이곳을 기억할 수 있을 것 같다.

숙소와 식당이 항구에 가까워서 참 편리하다고 생각하며 여객선 터미널로 간다. 팔월 중순, 이쯤이면 폭염의 기세도 한풀 꺾일 만한데 그럴 기미를 보이지 않는다. 더위와 싸울 준비를 단단히 하고 배에 오른다.

배는 순조롭게 출항한다. 태풍 전야라 그런지 뱃길은 더 없이 잔잔하다. 멀미약을 괜히 먹었나 싶을 정도이다. 스마트폰으로 시시각각 태풍의 경로를 살피며 뱃전에 앉아 있는데 걱정이 되면서도 설레기도 한다. 흑산도에서 이 배를 타는 사람이 많다. 시간이 지날수록 태풍은 비껴갈 것 같아 마음이 놓인다. 그런데도 혹시나 섬에 갇힐지도 모르기에 등대를 최단 시간에 다녀와야 한다. 목포에서 홍도까지는 세 시간이 채 걸리지 않았다.

홍도에 도착하자마자 이른 점심을 먹고 시간 맞춰 유람선을 탄다. 선장에게 홍도 2구에서 내려 달라 부탁하고 자리를 찾아 앉는다. 마음이 딴 데 있어 감칠맛 나는 호남 사투리의 해설사 이야기도 귓등을 스쳐 간다. 그 와중에 육지 사람이 홍도에 들어와 가장 오래 묶인 기간이 10박 11일이라는 말이 귀에 꽂힌다. 자기가 듣고 싶은 말은 어떻게든 들린다더니 딱 맞는 말이다. 홍도의 절경을 절반만 보고 2구에서 내려야 했지만, 다도해에 펼쳐진 기암괴석들의 아름다움은 오래 기억에 남을 것 같다.

포구에는 작은 배들이 땅 위로 끌어 올려져 있다. 태풍을 대비한 조치다. 마음이 바빠져 서둘러 산길을 오르는데 산꼭대기에 등대가 보인다. 바람 한 점 없는 땡볕 아래 땀이 비 오듯 쏟아진다.

그동안 열 곳도 넘게 등대를 찾아다녔다. 배를 타고 들어가야 하는 곳을 한 번에 들어가 본 적이 거의 없었다. 시시때때로 변하는 기상이 번번이 발목을 잡았고 선박 운영의 문제로도 못 가는 경우도 있었다. 길 중에서 가장 험난한 길이 뱃길이었다. 이 모든 길에서 나는 내 의지로 바꿀 수 없는 일에 불평하지 않게 되었다.

바다 건너 산 넘어 나는 왜 등대로 가는 것일까. 자문해 보지만 명쾌한 답을 할 수 없다. 다만 등대로 향하는 길이 나를 묵상에 들게 하여 스스로를 객관적으로 바라보게 한다. 그 안에서 평화를 찾을 수 있기에 오늘도 이 길을 걷는다. 힘든 길을 지나 마침내 등대 앞에 서면 자신이 조금이나마 깊어져 있음을 느끼게 된다. 오로지 그것이 기쁠 뿐이다.

정오를 넘긴 해시계가 머리 위에 불볕을 쏟아붓는다. 산길에는 산나리가 더위에 지친 기색도 없이 생생하게 피어 있다. 저 작고 여린 생명도 이렇게 꿋꿋하게 살아내는데 싶어 코끝이 찡하고 눈가가 지짐거린다. 나도 저렇게 제 빛깔을 내며 지치지 말고 꿋꿋하게 잘 살아야겠다고 다짐한다.

산을 오르다 돌아서면 홍도 바다가 펼쳐지고 또 오르다 돌아서면 하늘과 바다 사이 기암괴석들이 떠 있다. 연신 흐르는 땀을 닦으며 길을 줄였더니 무성한 숲 대문 사이 등대 입구가 나타난다. 열세 번째 홍도등대 앞에 선다.

홍도등대는 목포에서 약 116km, 대흑산도에서 20km 떨어진 곳에 위치하여 목포항과 서해안의 남북항로를 이용하는 선박들의 뱃길을 안내하고 있다. 홍도등대는 일제강점기인 1931년 2월 대륙진출을 꿈꾸는 일본이 침략전쟁에 참여하는 자국함대의 안전항해를 위해서 세워졌다.

사람들은 대부분 등대를 보며 감성적인 상상을 한다. 아름다운 등대라고 말한다. 나도 그랬다. 하지만 홍도등대처럼 아픈 역사를 가진 등대들이 많다는 것을 등댓길을 걸으면서 알게 되었다. 그동안 나는 얼마나 많은 것들을 제대로 알지 못하면서 피상적으로 인식하며 살아왔던가.

홍도등대는 그동안 보아온 등대와 다른 모습이다. 보통

원형으로 만들어진 등대와 달리 사각형 콘크리트 구조로 안정적인 모습이다. 등탑으로 올라가는 내부에는 주물 사다리가 원형 그대로 잘 보존되어 있다. 불빛은 20초에 3번 반짝이며 약 45km의 먼 곳에 있는 선박에까지 불빛을 전달한다. 등탑의 높이는 10m로 높지는 않다.

한가롭게 여유를 즐기고 싶지만 부족한 시간이 아쉽다. 마침 근무 중인 등대장을 만났다. 사람 좋아 보이는 등대장과 인사를 나누며 2구에서 타고 갈 배를 연결해 달라고 부탁했다. 서둘러 길을 내려가야 한다. 개인 배를 타고 홍도항까지 가야 했기 때문이다. 우리는 오후 세 시 반에 출발하는 배를 타야 한다.

홍도등대와 짧은 만남을 뒤로하고 산길을 내려간다. 올라갈 때 보지 못했던 섬마을이 눈에 들어온다. 반듯하게 지어진 집들이 사이좋게 모여 있다. 한낮의 불볕을 고스란히 받아내면서도 평화로워 보인다.

2구 이장님의 통통배가 포구에서 기다리고 있다. 어선인 배 안에는 어구들이 무심한 듯 아무렇게나 놓여 있다. 그물이거나 나무 작대기거나 노란 플라스틱 상자거나……. 그것들에서는 거룩한 삶의 체취가 풍겨난다. 기름 냄새에 속이 울렁거리는데 출렁이는 바닷길을 통통거리며 달리는 뱃

소리가 경쾌하여 멀미도 지나간다. 등대를 만나고 돌아가는 이 바다에서 또 다른 삶의 무게와 향기를 몸속 깊이 들이마신다.

당당해서 더 아름다운 젊은 그대

해남

—

목포구등대

가을이 익어가는 이곳에는 코스모스가 바닷바람에 한들거리고, 유람선은 물보라를 일으키며 바다 위를 힘차게 달린다. 목포구등대 입구다. 삼학도의 전설이 전해지는 곳, 청동으로 만든 세 처녀와 세 마리 학이 멀리서 온 객을 문 앞에서부터 반긴다.

입구부터 예사롭지 않다. 등대는 아치형 왕관 속에 그림처럼 들어 있다. 지금까지 서른 곳도 넘는 등대를 다녔지만 이렇게 잘 꾸며놓은 입구는 처음이다. 대개는 돌기둥을 양쪽에 세워 지번과 항로표지관리소라는 이름표만 붙어 있는 것이 대부분이었다. 이곳은 다르다. 양쪽 석주石柱 위로 둥글게 연결해 놓은 모습이

왕관처럼 보인다. 높다란 하늘 위 떠다니는 뭉게구름이 운치를 더한다. 등대를 둘러싼 풍경은 이렇듯 아름다움을 한껏 선사하기에 먼 길 마다치 않고 달려오는지도 모른다.

등대 입구에 들어서서 길을 걷다 보니 바다가 있는 왼편에 지금은 사용하지 않는 무종霧鐘이 매달려 있다. 기상 악화나 짙은 해무로 등댓불이 보이지 않을 때, 사람이 종을 쳐서 등대의 위치를 알려 주는 음파표지 역할을 하던 것이다. 지금은 전자식 무신호기가 그 역할을 담당한다.

바다를 향해 서 있는 목포구木布口등대는 한눈에 마음을 사로잡는다. 어쩌면 저렇게 당당하고 아름다울까. 바다를 향

해 가슴을 내밀고 양쪽 날개를 펼친 모습이 곧 우주를 향해 날아갈 발사체 같기도 하고, 치마를 늘어뜨린 듯 자신감 넘치는 여성 같기도 하다. 꼭대기 빨간 등탑을 옆에서 보면 횃불처럼 보이지만 빨간 립스틱을 바른 것 같아서 다소 도발적인 느낌마저 든다.

해남에 있는 목포구木布口등대는 목포항 관문에 위치하여 붙여진 이름이다. 해남 화원반도와 목포 달리도 사이의 좁은 물길(600m)로 통항하는 배들의 안전 운항을 위해 세워진 등대이다. 1908년 1월에 첫 불을 밝힌 등대는 처음에는 무인등대였으나 점차 오가는 배들이 늘어나고 대형화됨에 따라 1964년 직원이 상주하는 유인등대가 되었다. 2003년 해양친수문화 공간으로 신 등대가 건립되어 구 등대와 신 등대가 함께 있다.

목포구
등대
등대 전시관

신 등대의 높이는 36m이며 스무 살이 채 되지 않은 청소년이다. 그래서일까? 신 등대의 첫인상은 훤칠한 키에 발랄하고 자신감이 넘쳐 보였다. 신 등대는 범선을 형상화하였다고 설명되어있으나 꼭 그렇게 보이지는 않는다. 보는 사람마다 각기 다른 모습을 상상할 수 있는 것도 건축물을 보는 또 다른 재미가 아닐까 싶다.

바닷가에 위치한 신 등대를 지나 완만한 길을 오르다 보면 여러 곳에 있는 등대의 모형과 등명기 등이 전시되어 볼거리를 제공한다. 구경하며 걷다 보니 길 끝 오른쪽에 높이 7.2m의 오랜 역사를 간직한 구 등대가 나온다.

구 등대가 세워진 것은 1908년 1월 1일, 대한제국 말에 일본 제국주의의 대륙 진출을 위해 설치된 아픈 역사를 가지고 있다. 바닷가에 인접해 세워진 신 등대를 비스듬히 바라보고 있는 구 등대는 아담한 모습이다. 백 년이 넘은 역사의 뒤안길에 서 있기 때문일까? 그 모습 왠지 애잔하다. 2008년 7월 구 등대는 보존 가치를 인정받아 등록문화재 제379호로 지정되어 역사의 산 증표가 되었다.

건축물에도 건립 시기에 따라 건축물이 품고 있는 이야기가 달라진다는 것을 느낄 수 있다. 백 년을 훌쩍 넘긴 목포구등대가 지닌 곡절 많은 역사성에 비해 스무 살도 채 되지 않은 신 등대는 거칠 것 없이 당당하다. 일제강점기 같은 고난을 겪지도 않았으니 암울함도 없다. 앞날이 창창한 젊은이의 패기가 느껴진다. 그래서 아름답기까지 하다.

구 등대를 지나 좀 더 높이 올라가서 뒤를 돌아보면 저 아래 신 구 등대가 한꺼번에 눈에 들어오는데 그곳에 서서 두 등대를 바라본다. 그곳에는 잊지 말아야 할 과거와 나아갈 미래가 공존하는 공간이 함께 있다.

등대에서 여유롭게 시간을 보냈다고는 하나 이 절경 속에 더 머물고 싶은 마음 간절하다. 하지만 이제는 특별한 공간에서 익숙한 일상의 공간으로 돌아가야 할 때다. 역시나 섬에 들 때와 마찬가지로 시간에 제약을 받는다.

가을 해가 설핏하다. 늦은 오후와 저녁 사이, 바다와 하늘에 곧 노을이 질 것 같은데 그때까지 머물지 못함을 못내 아쉬워하며 목포구등대와 작별한다.

열다섯 번째 등대에서

태안

—

온도등대

바람에 선선함이 묻어나는 초가을, 열다섯 번째 등대를 찾아가는 길이다. 캄캄한 새벽길을 달려 다섯 시간 만에 태안에 닿았다. 길잡이 남편과 잠을 줄이고 여기까지 왔는데 전날 확인한 오전 열한 시 배가 오후 두 시로 바뀌어 있다. 새벽길을 나선 보람도 없이 몇 시간을 허비하게 생겼다.

배를 타는 일은 늘 그랬다. 정해진 배 시간은 있으나 기상 상태에 따라 무시로 바뀌었다. 안개가 자주 끼는 봄에는 몇 시간씩 기다리는 일은 다반사였고, 출발 십 분 전에 취소되기도 했다. 처음에는 몹시 당황스럽고 허망했지만, 배를 자주 타다 보니 자연이 부리는 조화에 나도 모르게 순응하는 마음이 되었다.

오후 두 시가 되자, 수백 명의 관광객을 실은 유람선이 움직이기 시작한다. 옹도로 향하는 사람들이 이렇게 많다니! 내심 놀랍다. 나야 등대를 꼭 가야 해서 간다지만 이 많은 사람도 나와 같은 목적일까 싶다. 등대 순례를 시작하지 않았다면 평생 찾을 일이 없을지도 모르는 곳으로 가고 있다.

선미 한쪽에 자리를 잡는다. 유람선 주변으로 갈매기 떼가 모여든다. 방파제 등대를 지나자 암초나 얕은 곳의 위치를 알려주는 등표燈標가 보인다. 오늘 바다는 푸르디푸르고 하늘의 구름은 유난히 현란하다. 배는 잔물결 위로 미끄러지듯 나아간다.

눈앞에 한 무리의 관광객이 낮술이라도 마셨는지 흥에 겨

워 가만있지 못한다. 경쾌한 트로트 메들리가 이어지자 노래를 따라 부르며 어깨를 들썩들썩, 엉덩이춤까지 한껏 신이 난 모습이다. 그 광경을 바라보는데 세상 다 가진 듯 행복해 보인다. 내 나이 이쪽저쪽으로 보이는 중년들, 고된 일상 잠시 내려놓고 시원한 바닷바람에 쌓인 스트레스 날릴 수 있다면 고성방가쯤이야 얼마든지 참아줄 수 있다.

그들을 바라보다 등대를 찾아다녔던 지난 시간을 떠올리며 생각에 빠져든다. 옹도를 가겠다고 태안 신진도항을 찾은 것은 이번이 처음은 아니다. 장마가 막 시작되던 칠월 처음 왔다가 배가 뜨지 않아 되돌아간 적이 있다.

그때는 사정이 여의치 않아 서울에서 출발했다. 서울에서 버스를 타고 태안으로, 다시 시내버스로 신진도항까지 갔다. 비가 부슬부슬 내리는 초저녁, 인적 드문 항구는 적막했다. 다음 날, 날씨가 갠다는 예보만 믿고 간 것이다. 깨끗해 보이는 민박집에 들었다.

평일 오후, 그녀와 나는 항구의 이방인이 되었다. 눅눅하고 가라앉은 무거운 느낌의 공기, 무성영화처럼 어촌 마을에는 소음 하나 들리지 않았다. 낯선 여인 둘을 바라보는 눈길들이 어디선가 따라오는 것만 같았다. 민박집 주인이 일러준 산책로를 걷다가 그녀가 소개해 준 생선구이 집에서 저녁을 먹었다. 해거름의 바다는 바람이 조금씩 거칠어지고 있었다. 밤바다 산책은 포기하고 일찌감치 민박집에 들어 잠을 청했다.

배 시간에 맞춰 일어나 창을 여니 비는 그쳤는데 아슴푸레 안개가 드리웠다. 혹시나 하여 선착장에 전화했더니 금일 유람선은 운항하지 않는다고 했다. 무슨 말이냐며 따지듯 물었다. 내가 어떻게 하여 이곳까지 왔는데 배가 안 뜬다니 말이 되나 싶었다.

이유는 간단했다. 안개 때문에 못 간다고 했다. 곧 걷힐 것 같은 엷은 안개였지만 못 간다는 데는 할 말이 없었다. 그 말을 그대로 믿고 허망한 마음으로 발길을 돌렸다.

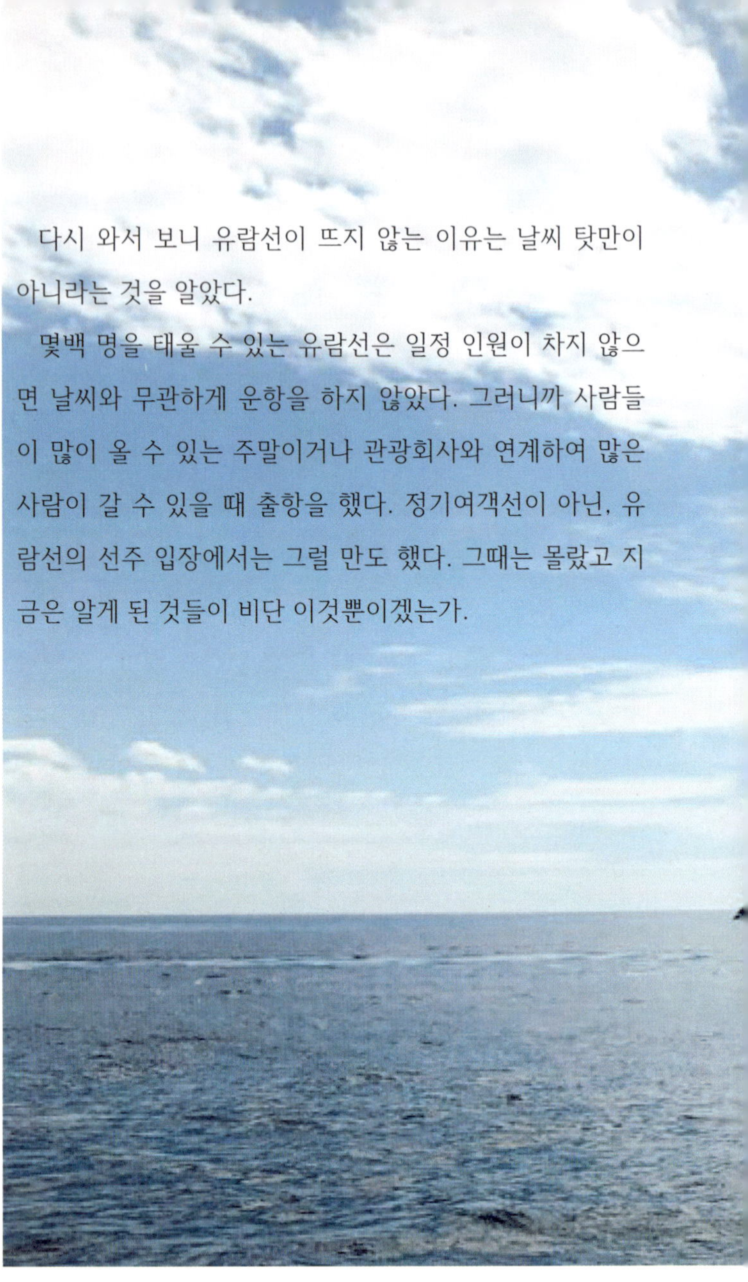

다시 와서 보니 유람선이 뜨지 않는 이유는 날씨 탓만이 아니라는 것을 알았다.

몇백 명을 태울 수 있는 유람선은 일정 인원이 차지 않으면 날씨와 무관하게 운항을 하지 않았다. 그러니까 사람들이 많이 올 수 있는 주말이거나 관광회사와 연계하여 많은 사람이 갈 수 있을 때 출항을 했다. 정기여객선이 아닌, 유람선의 선주 입장에서는 그럴 만도 했다. 그때는 몰랐고 지금은 알게 된 것들이 비단 이것뿐이겠는가.

배 시간을 기다리면서 주변을 구경하는데 두 달 전, 항구에 처음 왔을 때와는 생판 다른 모습이다. 선착장 주변으로 어시장이 열리고 관광버스가 줄지어 들어선다. 버스를 타고 온 사람들이 삼삼오오 짝을 지어 다니니 항구 주변이 왁자하다. 지난번에 내가 왔던 곳이 여기가 맞나 싶을 정도로 활기에 넘친다.

낯선 길을 찾아가는 것이 간단치 않을 줄은 알았지만, 생각보다 훨씬 많은 장애물과 부딪쳤다. 모든 것이 알게 모르게 보이지 않는 사슬로 엮여 있었고, 전후좌우 아래위로 다 살펴야 오류가 발생하지 않았다. 사소한 일이라도 면밀하게 살피지 않으면 낭패를 보기 일쑤였다. 도전하지 않았더라면 알 수 없었을 일들을 겪으며 내 삶의 스펙트럼이 조금은 더 넓어진 듯하다.

저 멀리 옹도가 보인다. 섬 끄트머리에 등대가 있다. 드디어 이곳에서 '등대여권'에 마침표를 찍는다 생각하니, 감회가 남다르다. 서해 팔미도를 시작으로 소청도, 홍도, 어청도, 제주 우도와 마라도, 울릉도 독도 등 동해안 남해안 서해안의 등대를 찾아다녔던 시간이 파노라마처럼 지나간다. 지난 시간을 되돌아보는 사이 유람선이 등대섬 옹도에 닿았다.

태안반도 신진도항에서 약 12Km 떨어진 곳에 있는 옹도는 그 모양이 마치 옹기와 같이 생겼다 하여 붙여진 이름이다. 옹도는 면적이 0.17㎢이며 높이가 80m 정도인 작은 섬이다. 섬 한가운데 정상에 등대가 있어 등대섬이라고도 불린다. 옹도등대는 사람이 살지 않는 무인도인데 등대에는 직원이 근무하는 유인등대다. 1907년 1월에 세워졌다.

배에서 내려 함께 온 관광객들과 계단을 오른다. 이백 개가 넘는 계단을 올라 등대 앞에 선다. 드디어 열다섯 번째 등대에 온 것이다. 가을에 시작된 등대 순례는 일 년 만에 마침표를 찍는다. 등대 사무실에 들러 직원들과 인사를 나누며 이곳에서 마지막 스탬프를 찍었다고 하자, 자신들의 일처럼 기뻐해 준다. 배낭에 들어있던 몇 가지 간식을 꺼내 놓고 사무실을 나온다.

태생적으로 외로움과 기다림을 타고난 등대, 지상의 끝자리, 변방 중의 변방에 있는 등대지만 등댓불을 바라보는 사람들에겐 삶의 방향을 알려주고 다시 살아갈 용기를 준다. 살아갈수록 자꾸 초라해지는 사람들에게 자존감을 세워 주고 반드시 중심에 서지 않아도 괜찮다며 등을 토닥여준다. 그러기에 등대는 영원히 빛나는 바다의 별이다.

등대 전망대에 올라 서해를 바라보는데 감정이 벅차오른다. 지독한 약시로 등댓길을 다니는 내내 마음을 졸였기 때문이다. 이곳에 다시 올 수 있을까? 등대 앞에 설 때마다 늘 마지막인 듯 간절한 마음이 되었다. 완주는 가능할까? 자신에게 수없이 던졌던 질문에 마침표를 찍었다고 말할 수 있어 행복하다. 그사이 사계절이 지나갔다. 나는 지금, 그 간절함의 힘으로 열다섯 번째 등대 앞에 서 있다.

파랑새를 찾아서

제주

—

우도등대

행복이란?

등대를 순례하면서 나는 파랑새를 자주 만난다. 그래서 자꾸 배낭을 꾸리는지도 모르겠다. 행복이란, 소담한 풀 한 포기를 바라보며 느끼는 감정일 수도 있고, 자판기 커피 한 잔이나 고소한 땅콩 아이스크림일 수도 있다. 길을 걸으며 나누는 시시콜콜한 이야기처럼 결코 무겁지 않은 것들. 어쩌면 후 불면 날아가 버리는 깃털 같은 것이라. 눈앞에 두고도, 손에 쥐고도 번번이 놓치고 있는지도 모른다.

우도등대는 숙소에서 그다지 멀지 않은 곳에 있었

다. 등대가 목적인 나를 위해 딸이 배려한 것이다. 점심 무렵 우도에 닿아 전기차로 해안을 한 바퀴 돌고 나자 해시계는 늦은 오후를 향해 가고 있다. 해가 길어졌다고는 하나 등대까지 오르막길을 제법 걸어야 하므로 마음이 바빠진다.

우도 들녘에는 이제 막 패기 시작한 보리가 해풍에 흔들린다. 바람의 방향에 따라 이리저리 몸을 누이는 보리의 물결이 평화로워 보인다. 보리밭을 보는 것도 실로 오랜만이라 잠시 그 모습에 눈을 떼지 못한다. 보기만 해도 기분 좋은 것이 이런 것인가 싶다.

우도로 건너오는 배에는 사람들이 북적북적 꽤 많았는데 등대 근처 마을에는 사람 구경하기가 힘들다. 서너 시간 돌

면 관광을 마칠 수 있고 배로 십 분이면 나갈 수 있으니 굳이 숙박할 이유가 없기 때문이다.

딸과 둘이서 등대로 향한다. 마을에서 오 분쯤 걸었을까. 등대로 오르는 길 들머리가 보이고 입구에 '우도 토박이 카페'가 길손을 맞이한다. 순박한 인상의 주인이 "땅콩 아이스크림 드시고 가세요. 직접 재배한 땅콩으로 만들었어요." 라며 발길을 붙든다. 이미 점심때 아이스크림을 먹기도 했거니와 나에게는 커피 한 잔이 간절했다. 따뜻한 커피를 주문하고 들고 나가려다 마음을 바꾼다. 몸에 밴 조바심을 지그시 누르고 트럭을 개조한 카페 벤치에 앉아 커피를 마신다.

나무 의자에 앉아 마을을 내려다보는데 발아래 소복소복

소담스러운 풀꽃이 피어 있다. 앵초라고 한다. 이름만 알고 실물은 여기서 처음 보는데 모습이 이름처럼 사랑스럽다. 늦은 오후, 풀꽃을 눈앞에 두고 고소한 커피 향이 스며든 바람 속에서 차를 마신다. "커피 참 맛있어요."하자 "제가 커피를 좋아하거든요."라는 말이 돌아온다. 주인이 좋아하는 커피인데 어련할까.

내려올 때 과일주스를 마시기로 하고 우리는 다시 나무계단을 오른다. 이곳에 온다고 딸아이는 연차를 이틀이나 냈다. 순전히 나 때문에 낸 휴가인데 이 길에서 즐겁고 행복하면 좋겠는데 힘들지는 않은지 마음이 쓰인다. 어미 마음을 아는지 모르는지 딸은 씩씩하게 올라가고 있다. 멀리 산꼭대기에 등대가 모습을 보이기 시작한다.

길을 오를수록 눈높이를 같이 하던 것들이 눈 아래로 자꾸 멀어진다. 높은 곳에 서니 천하를 다 가진 것만 같아 세상 부러운 것이 없다. 해안선에 밀려왔다 밀려가는 파도며 바람에 흔들리는 나무와 풀꽃들이 특별할 것도 없는데 이 순간 더없이 아름답게 다가오는 것은 일상을 떠난 비일상의 시간 속이기 때문일 것이다. 제 의사와 상관없이 엄마가 오

고 싶어 하는 곳이라 따라나선 아이도 천국으로 오르는 길이 이런 길일까 하며 몹시 좋아한다.

작은딸은 대학을 졸업하고 취업이 쉽지 않아 한동안 힘든 시간을 보내다가 취직이 되었다. 어미 곁에서 다니길 원했으나 뜻대로 되지는 않았다. 객지 생활에 좌충우돌하면서도 잘 견디고 있는 것 같아 고맙고 제 앞길 헤쳐 가는 딸이 대견스럽기만 하다. 부모라는 이름으로, 자식 잘되기를 바란다는 이유로 그동안 아이에게 준 상처를 생각해본다. 그때

는 왜 그랬을까. 지난 일들이 떠올라 마음 애잔한데 등대에 다 왔다고 딸이 소리친다.

지척에 등대가 있다. 늦은 오후 햇살은 한결 부드러워지고 바람도 숨을 죽인 이곳, 길에는 여전히 우리밖에 없다. 살아가면서 이런 시간을 가질 수 있는 날이 얼마나 될까. 순간순간이 소중하고 감사할 뿐이다. 딸과 함께 등대를 바라볼 수 있는 지금, 이 시간이 축복처럼 느껴진다.

다 올라와서야 우리가 온 길은 등대 뒷길이라는 것을 알았다. 뒷길로 오면 또 어떤가? 사람의 뒷모습에 많은 이야기가 있듯 화려하게 꾸민 앞모습에서 볼 수 없는 것들을 보고 왔을 테니 우리는 길의 속살과 있는 그대로의 소박한 모

습을 마주하고 온 셈이다. 사물 하나를 보더라도 어느 곳에서 보았는지에 따라 느낌이 달라진다. 다시 한번 자신이 아는 것이 전부가 아니라는 것을 새삼 깨닫는다.

우도등대의 역사 속으로 들어선다. 이곳에는 구 등대와 신 등대가 있는데 모자母子등대 같다. 구 등대가 길손을 먼저 맞이하고, 키가 큰 신 등대는 뒤에서

어서 오라며 기다리고 있다. 앞길로 왔더라면 신 등대부터 만났을 것이다. 구 등대는 97년간 불을 밝히다가 노령으로 2003년 11월에 소임을 마쳤다고 한다.

대부분 등대의 몸 빛깔은 흰빛인 데 비해 우도의 신 등대는 회색빛이라 느낌이 새롭다. IT기술을 접목하여 순수 국내기술로 개발한 대형 회전식 등명기를 설치 50km 밖에서도 위치를 확인할 수 있도록 광력을 증강했다. 구 등대와 신 등대 사이에는 '설문대할망 소망 항아리' 상이 있고 등대 관련 전시 홍보관도 있다. 사무실을 기웃거리다가 땀을 뻘뻘 흘리며 주변을 정리하는 분이 보여 인사를 건넨다.

사무실에 들러 시원한 물을 대접받고 다리쉼을 하는데 탁자 위에 동전이 수북이 쌓여 있다. '설문대할망 소망 항아리'에 관광객들이 던져 놓은 동전을 분류 정리하여 매년 어려운 이웃들을 돕는다고 한다. 아름다운 곳에서는 아름다운 일이 더불어 일어나는 모양이다. 이곳 등대 주변 풍광이 멋지다고 하자, 그는 이곳이 우리나라 최초로 등대를 테마로 '등대공원'이 조성된 곳이라고 알려 준다.

생각했던 것보다 훨씬 좋다는 딸의 말을 들으며 오기 전까지 기연미연했을 아이의 마음을 헤아려본다. 기우는 해를 보며 사방 풍경을 눈으로 마음으로 욕심껏 담는다.

하늘과 바다 사이 천국 같은 이곳에 언제 다시 올 수 있으려나. 발길이 쉬이 떨어지지 않는다. 등대 주변을 서성이며 카메라 셔터를 연신 눌러댄다. '설문대할망 소망 항아리'에 동전을 던지고 딸과 함께 손을 모아본다. 시간이 더디게 흐르는 것 같았으나 벌써 어스레한 저녁이다. 미련이 남은 발걸음을 달래가며 우도등대와 작별한다.

왔던 길을 되짚어 내려가면서 자꾸 뒤를 돌아보게 된다. 아쉬운 마음 가득한 내 등 뒤로 홀로 서 있는 등대가 해가 지기 전에 어서 가라며 등을 떠민다. '토박이 카페'는 그새 문을 닫았다. 문을 닫은 곳이 이곳만이 아니다. 우도는 오후 다섯 시면 가게들이 문을 닫는다고 한다. 저녁 손님이 없기 때문이라는데 덕분에 우리는 저녁을 먹지 못했다.

해거름의 날씨가 차츰 흐려지더니 안개 내린 바닷가에는 실비가 내리기 시작한다. 딸아이 머리카락에도 내 머리카락에도 이슬방울이 맺혔다. 인적 끊긴 바닷가를 산책하고 숙소에 들어오니 피로가 밀물처럼 몰려왔다.

오랜만에 딸이랑 한 침대에 누웠다. 제 어린 시절을 들려주니 정말? 대박! 내가 그랬다고? 하며 깔깔댄다. 부모와 자식 간이라고 좋은 마음만 있을까. 더러는 괘씸한 마음, 섭섭한 마음 왜 없겠는가. 엄마에게 서운한 마음 있다면 다 풀어

버리라고 하자 갑자기 왜 그러냐며 웃는다. 뒤를 자꾸 돌아보게 되는 나이가 되어서인가 그때는 최선이라 생각했던 일들이 꼭 그렇지 않다는 것을 알아가고 있다.

안개 종소리를 들으며

새벽부터 들리는 낯선 소리에 잠이 깼다. 뿌우~ 뿌우~ 규칙적으로 울리는 소리가 처음에는 뱃고동인 줄 알았다. 창을 여니 안개가 자욱하다. 아하! 뱃고동 소리가 아닌 등대에서 울리는 안개 종소리다. 요즘은 무신호기로 무종을 대신한다고 들었는데 등대에서 소리를 듣는 것은 처음이다. 무종은 바다에 안개가 끼어 항해하는 배가 등대 불빛을 확인할 수 없을 때 소리로 위치를 알려 주는 해무 신호기를 말한다.

단잠을 자고 일어난 아침, 산책하러 바닷가로 나갔다. 밤새 비가 내렸는지 땅이 촉촉이 젖어 있다. 어제부터 우리를 따라다니던 동네 백구 한 마리가 반가운지 꼬리를 흔들며 뒤를 따라온다. 요즘 집안에서 키우는 개들은 반려견이라는 칭호를 달고 대접을 받고 사는데 우도의 백구는 그렇지 않다. 방목되어 꼴이 꾀죄죄하지만 어릴 때 키우던 개들과 닮아 있어 오히려 정겹다.

일찍 문을 연 예쁜 밥집이 있어 아침을 먹으러 들어갔다. 청년들이 운영하는 가게 내부는 감각적으로 꾸며 놓아 기다리는 동안 눈요기가 쏠쏠하다. 주문한 음식이 나왔다. 어제 저녁을 먹지 못해서인지 주방장의 솜씨가 좋아서인지 아무튼 꿀맛이다.

해무 신호기는 안개 낀 바다를 향해 계속 소리를 울리며 뱃길을 열어 주고 있다. 빛으로 소리로 길을 열어주는 등대, 그것에 의지하여 나아가는 배……. 팍팍하고 고단한 세상이라는 바다에 빛과 소리로 길잡이가 되는 등대 같은 사람들이 있어 그래도 살 만하다고들 한다. 그것은 거창한 그 무엇이 아니라 안개 낀 마음에 건네는 따뜻한 말 한마디 일 수도 있다.

이곳에서 안개 종소리를 듣게 될 줄 몰랐다. 길을 떠나 보면 예기치 않은 일들이 일어나 뜻밖의 기쁨을 주기도 하고, 예비하지 못한 일로 낭패를 보기도 한다. 그것이 여행의 묘미기도 하다. 그런 의미로 우도에서의 일박은 '신의 한 수'였는데 결국 우리는 삼박사일의 여정 중 마라도에 가지 못했다. 이틀을 기다렸으나 안개 때문에 바닷길이 열리지 않았기 때문이다. 하늘은 우리에게 좋은 것만 허락하지 않는다는 것을 다시 가르쳐 주었다.

지상의 노란 별,
괭이꽃 반짝이던 곳

제주

—

마라도등대

홀로 나선 길

다행스럽게도 공항에서 곧장 버스를 탈 수 있었다. 배차 시간이 길어 이 버스를 놓쳤더라면 배 시간도 한참 뒤로 밀릴 뻔했다. 기다리는 시간 없이 착착 맞아떨어지는 행운에 감사하며 모든 것이 잘 풀려나갈 것만 같다.

오랜만에 혼자 나선 길이라 비행기를 타기 전까지 마음을 졸였다. 동행하기로 한 그녀에게 사정이 생겼기 때문이다. 일정과 차 시간, 배 시간을 확인하고 또 확인했다. 못 가게 할까 봐 남편에게는 말하지 못했다. 그래서 더욱 이 여행을 완벽하게 해내고 싶었다.

생각해보면 못할 일도 아닌데 시야장애 판정을 받은 이후, 십수 년 동안 혼자 길을 나서기가 몹시 두려웠다. 좁은 시야 탓에 방향 감각이 없고 사람이나 지형지물에 곧잘 부딪쳤다. 그런 이유로 마라도 안전 입도는 내가 극복해야 할 큰 과제 같은 것이었다.

모슬포로 가는 버스 안이다. 버스 안에는 승객이 별로 없다. 버스에서 길동무를 만들 작전을 세웠는데 여의치 않을 것 같다. 모슬포까지는 한 시간쯤 걸린다고 한다. 몇 명 없던 승객들이 거의 다 내리고 버스 안에는 중년의 아저씨와 나만 남았다. 야심찬 나의 계획은 완전 수포로 돌아갔다. 그 아저씨마저 나보다 먼저 내렸기 때문이다. 잠시 막막했지만 어쩔 수 없는 일, 모르겠으면 물어보면 될 일이다.

보이지 않는 누군가가 길을 안내하는 것처럼 헤매지 않고 선착장을 바로 찾는다. 모슬포항의 하늘은 맑고 바다는 호수 같다. 곧 출발하는 배표를 손에 쥐고 혼자 해냈다는 성취감에 취해 있는데 배에서 꼬르륵 소리가 난다. 새벽 다섯 시에 집을 나서 점심시간이 다 되어 가니 그럴 만도 하다. 생수 한 병과 과자 한 봉지를 사서 배에 오른다. 자리에 앉자 끝까지 붙들고 있던 긴장의 끈이 풀린다. 나는 드디어, 그것도 혼자서 마라도로 가고 있다.

바람 한 점 없는 뱃길은 잔잔하고 물빛은 쪽을 풀어놓은 듯 손을 담그면 새파란 물이 들 것만 같다. 생수 한 모금 마시고 과자 몇 조각 먹고 나니 마라도다. 처음 와 보는 우리나라 최남단의 섬, 이곳에 오려고 얼마나 애를 썼던가. 한 달 전에는 딸과 왔으나 안개 때문에 배를 탈 수 없었다. 날마다 기상 상태를 점검하며 바람도 안개도 없는 날을 택해 오게 되었다. 등대를 보러 나선 길, 무사히 마라도에 들어갈 수 있게 되자 오랫동안 실종되었던 자신감이 회복된 것 같아 어깨가 으쓱해진다.

마라도에 들다

바람이 조금만 불어도 배를 댈 수 없는 마라도다. 오늘은 여러모로 운이 좋은 것 같다. 선착장 계단에 사람들이 빽빽하게 내려오고 있다. 먼저 온 관광객들이 벌써 나가는 모양이다. 제주에 와서 마라도에는 잠시 들렀다 가는 사람이 대부분이지만 나는 여기서 하루를 묵을 작정으로 왔다. 국토의 남쪽 맨 끝에 자리한 작은 섬에서 수평선 너머 지는 해를 보고, 등대 불빛과 함께 등대지기도 되어 보고, 새벽 바다의 정경과 해돋이를 보고 싶기 때문이다.

선착장 계단을 올라가니 탁 트인 평원이 눈앞에 펼쳐진

다. 나무 한 그루 보이지 않는데 발아래 방풍이 지천으로 깔려 있다. 이른 봄에는 어린 방풍을 뜯어 나물을 해 먹을 수 있지만, 지금은 꽃이 피어있다. 낮게 자라는 풀과 엉겅퀴, 수국 등 여름 꽃이 한창이다. 해안가에 처음 보는 하얀 꽃이 무더기로 피어 꽃띠를 둘러놓았다. 제주도와 거문도에서만 자라는 갯강활이라 한다. 꽃 모양에 비해 강렬한 이름이다.

걱정과 달리 모든 게 순조로워서 느긋한 마음으로 마라도 곳곳을 눈에 담는다. 성인 걸음으로 삼십 분이면 섬 한 바퀴

를 돌아볼 수 있다니 크기가 짐작이 간다. 작은 섬에 들었다는 것, 그것도 남쪽의 끝단이라는 것만으로도 의미를 부여할 수 있을 것 같다. 이런 마라도에서 하룻밤 묵을 생각을 하니 꿈처럼 아련하여 벌써 마음이 설렌다.

마라도는 '바람의 왕국'이다. 끊임없이 바람을 부르고 맞이한다. 하늬바람, 샛바람, 마파람, 갈바람 등 온갖 바람들이 마라도를 찾는다. 마라도는 남중국해에서 흘러들어온 난류와 해양성 기후의 특성으로 높은 기온에 일기가 고르지 못해 안개가 자주 낀다. 북풍이 불어 나무가 자라지 않으며 용천수가 나지 않아, 빗물을 받아 가정용수로 사용한다. 식수는 제주에서 생산된 생수로 대신한다. 섬마을 주민은 백여 명 남짓, 이곳에도 육지에서 들어와 자리를 잡은 사람들이 있다.

해녀 상 앞으로 짜장면집이 즐비하다. 어디서 먹을까 두리번거리는데 휴대전화가 울린다. 여기까지만 오면 도와줄 마라도등대에 근무하는 김순일 씨다. 민박집도 그가 예약해 주었다. 마라도행을 준비하면서 그와 몇 차례 통화했다. 순~ 일만 한다고 이름이 순일이란다. 사근사근 연한 배처럼 싹싹해서 오래전부터 알고 지낸 것처럼 친근하다. 그는 눈이 불편한 내 사정을 듣고 기꺼이 도와주겠노라 했다. 이 길

위에서 주변으로부터 많은 도움을 받고 있다. 이곳에서 또 한 사람의 등대를 만난 셈이다.

마른 체격의 순일 씨는 추자도 출신이며 이십 년 전부터 제주지역 등대에서 근무 중이라 한다. 반갑게 악수를 나누고 짜장면집으로 발길을 옮긴다. 음식을 주문하고 오늘 밤 묵을 민박집 사장님과도 인사를 나눈다. 마라도에서 첫 끼를 먹고 있는데 문자 한 통이 날아든다. 그동안 길동무를 해주었던 그녀의 문자다. 사정이 생겨 못 온다더니 마지막 배로 이곳에 온다는 것이다. 마음 한구석에 자리하던 불안 한 줄기마저 사라졌다.

바다 날씨는 예측하기 어렵다. 수시로 얼굴을 바꾸기 때문이다. 점심을 먹고 난 뒤, '땅콩호떡'을 먹을 때만 해도 맑았던 하늘에 먹구름이 드리워지기 시작한다. 그녀가 올 때까지 등대에 가 있기로 했다. 하늘이 더 어두워지기 전에 사진을 찍어야 한다. 다음날 비 예보가 있어 마음이 바빠 카트를 타고 서둘러 등대로 갔다.

등대를 만날 때마다 느끼는 것이지만, 우뚝하게 서서 전방위로 자신을 드러내고 있는 모습이 왠지 눈물겹기도 하고 눈부시도록 아름답기도 해서 흠모하는 사람을 몰래 바라보듯, 오래도록 바라보게 된다. 그동안 아홉 군데 등대를 돌았고 마라도는 열 번째로 오게 되었다.

마라도등대는 1915년 3월1일에 처음 불을 밝혔다. 백색 팔각형 콘크리트 구조로 높이는 16m다. 마라도등대는 백년이 넘는 세월 동안 동중국해와 제주도 남부해안을 운항하는 선박의 길잡이 역할을 하고 있다. 우리나라 등대의 역사는 다른 나라에 비해 그리 오래되지 않았다. 인천 팔미도등대가 1903년에 세워진 최초의 등대이니 110년이 좀 넘었다.

등대 주위를 돌며 셔터를 누르다 문득, 발아래 반짝이는 작은 꽃과 눈이 마주친다. 풀밭 위에서 한없이 몸을 낮춘 노란 괭이꽃이 별처럼 빛난다. 사진을 찍다 말고 괭이꽃을 한참 들여다본다. 쌀알 다섯 개를 모아 놓은 듯 앙증맞은 꽃이다.

남쪽 끝 가장 마지막 섬 마라도등대 앞에서 노란 괭이꽃이 지상의 별처럼 반짝이며 내 안으로 들어온다. 누구든 빛이 되어주는 존재가 바로 인생의 등대가 아닐까 싶다. 괭이꽃을 바라보며 나에게도 삶의 바다에서 만난 무수히 많은 등대가 있음을 깨닫는다.

비를 품은 바람이 불어댄다. 마지막 배를 타고 들어올 그녀를 맞으러 다시 선착장으로 갔다. 함께 하지 못할 줄 알았다가 다시 만난 선물 같은 하루, 우린 반갑게 손을 잡고 흔든다. 민박집에 짐을 풀고, 해가 넘어가기 전 바람을 껴안고 마라도 속으로 들어간다.

선착장 입구에 모여 있는 짜장면집들을 지나면 바다를 배경으로 작은 학교가 있다. '가파도 초등학교 마라도 분교'다. 이곳에는 뛰노는 아이들이 없다. 작은 운동장에 미끄럼틀, 철봉, 그네 등 놀이기구는 무료한 듯 졸고 있다. 주인을 잃은 지 오래된 분교는 동영상이 아닌 정지된 풍경으로 자리할 뿐이다. 다시 아이들의 웃음소리를 들을 수 있을까?

작은 섬마을은 오르막도 내리막도 없이 평평하다. 구불구불 자연스레 길이 이어진다. 저 멀리 돔 형식의 성당도, 십자가 우뚝한 교회도, 하얀 등대도 한 눈에 들어온다. 나무 한 그루 가지지 못한 섬마을의 집들이 각별한 풍경으로 다가오는 마라도의 늦은 오후다.

'대한민국 최남단 비' 앞에서 바다를 바라본다. 흐린 하늘을 보니 붉은 노을 보기는 어려울 것 같다. 마라도의 붉은 노을 속에 들고 싶었던 소망은 이루지 못해도 괜찮다. 저녁 윤슬에 연회색 망망한 바다도 아름답기 그지없다. 무인도에 홀로 툭 떨어진 것 같은 막막한 느낌, 이 외로움조차 즐겨보리라. 뭍으로 돌아가면 몹시 그리워질 시공간일 것이므로.

늘 그 자리를 지키는 어머니처럼 보내고 맞이하는 등대, 등대는 외로움과 자존심의 표상이기도 하다. 하늘은 점점 어두워지고 연방 빗방울이 떨어질 기세다. 등대 아래 노란 괭이꽃은 더욱 선명하게 내 눈 속으로 들어온다. 마라도등대는 오늘도 여느 때와 같이 바다에 어둠이 내리면 불을 밝힐 것이다. 맨 가장자리 혹은 섬의 끄트머리, 중앙이 아닌 변방에서 홀로, 그것이 등대의 숙명이지만 등대는 바다의 별, 세상에서 가장 숭고하고 아름다운 길잡이다.

나는 등대지기

민박집 앞 식당에서 저녁을 먹기로 했는데 밤 8시에 오라고 한다. 점심도 제대로 먹지 못한 그녀가 걱정되었으나 기다릴 수밖에 없다. 섬에 남은 외지인은 낚시꾼 몇과 우리 두 사람이 전부다. 마라도에 밤이 스며들자 관광객들로 부적이던 낮의 풍경과 몹시 대조적이다. 외딴섬에 들었다는 것이 더욱 실감 난다.

식당 주인은 부산이 고향이라 한다. 식당 안에는 어스레한 조명에 투박한 나무 식탁이 몇 개 놓여 있다. 식탁에 몇 가지 찬이 놓이자 오늘 밤 저녁을 함께 먹을 사람들이 모여든다. 백반 정식에 초밥이 더불어 나온다. 낚시한 고기로 만든 초밥인 것 같다. 주방에서는 비린내를 풍기며 회를 뜨고 연방 초밥을 만들어 내놓는다. 인심 참 후하다. 늦은 저녁을 배부르게 먹고 일어서려는데 생선구이를 먹고 가라며 붙잡는다. 이미 배는 가득 차서 손사래를 치고 서둘러 식당을 나온다.

오늘 밤 나는 이곳에서 괭이꽃과 함께 등대지기가 되어 보고 싶다. 함께 저녁을 먹은 순일 씨와 셋이서 등대로 향한다. 멀리 등대의 불빛이 보인다. 가까이 가자 불빛이 몹시 강렬하다. 수십 킬로미터 밖에서도 보이는 것이니 그럴 수밖에.

등명기가 있는 꼭대기까지 올라가 밤바다를 본다. 내가 건너온 제주 해안의 불빛이 찬란하다. 밤이면 불빛을 주고받으며 서로의 존재를 확인하며 소통하고 있다. 도시인이 밤에 등대를 가까이서 보는 것이 흔한 일은 아니다. 짧은 시간이었지만 등대지기가 되어 보고 싶었던 꿈을 마라도에서 이룬 셈이다. 낮에 보았던 괭이꽃은 어둠에 잠겨 보이지 않았으나 지상의 별 노란 꽃은 나를 보고 있을 것이다.

마라도의 밤, 손전등에 의지해 민박집으로 돌아오는 길,

캄캄한 외딴섬에 우리 둘밖에 없다는 것이 갑자기 무서워진다. 밤 열 시 무렵인데도 도시와 다르게 섬은 짙은 어둠에 잠겨 한없이 고요하다.

민박집 화장실에는 불이 오지 않는데 주인과 연락도 닿지 않는다. 섬이니까 참아야 할 것 같다. 생필품 공급이 육지만큼 원활하지는 않을 테니까. 염분이 섞인 듯 건건한 물에 몸을 씻는다. 밤이 이슥하도록 이야기를 나누다 잠이 들었다.

캄캄한 밤바다에 나는 홀로 나뭇잎 같은 조각배에 앉아 노를 젓고 있다. 어디로 가야 할 지 막막하기만 한데, 멀리 등댓불이 깜박깜박 길을 안내한다. 바다의 별을 향해 노를 젓다 하늘을 올려다본다. 괭이꽃 닮은 밤하늘의 별들이 내게로 쏟아진다.

동백나무 숲길을 따라

여수

오동도등대

폭염이 좀처럼 기세를 누그러뜨리지 않았다. 등대 네 곳을 남겨둔 채, 한 달 동안 발이 묶여 있었다. 집에서 기상 상태만 살피다가 드디어 길을 떠나기로 했다. 휴가를 낸 남편과 일정을 짰다. 나선 김에 네 군데 모두 다녀오기로 했다.

첫 목적지는 태안의 옹도. 가는 길에 여객선 터미널에 전화를 해보니 폭염 때문에 당분간 유람선이 뜨지 않는다고 한다. 관광객 한 명이 더위를 먹어 쓰러진 일이 있었다는 것이다. 시작부터 차질이 생겼지만 어쩔 수 없는 일에 안달복달하지 않기로 했다. 살다보면 이런 일은 다반사라 궤도를 수정하면 되는 것이다. 마지막에 가기로 한 여수 오동도로 방향을 돌린다.

그동안의 경험으로 배를 타는 것이 쉬운 일이 아니라는 것을 알게 되었다. 정해진 배 시간은 있으나 기상 상태에 따라 무시로 바뀌거나 취소되었다. 바람, 안개, 폭풍우에 올해는 폭염이 하나 더 보태진 셈이었다. 날씨에 좌지우지되는 뱃길 앞에서 나는 벌어진 상황을 빠르게 수용하고 곧 플랜 B를 가동하는 법을 배우고 있었다.

오동도등대는 배를 타지 않아도 되는 곳에 있다. 주차장에 차를 세우고 긴 방파제를 따라 십여 분쯤 걸어가면 등대

로 향하는 들머리가 나온다. 여수 신항과 광양만 입구에 자리한 오동도, 등대로 향하는 길에는 동백나무가 무성하다. 오동도는 동백꽃이 유명하지만, 지금은 꽃이 없다. 동백 열차 타는 곳을 알려주는 표지판에 '동박새꿈정원'에서는 꽃차를 판다고 쓰여 있다.

잠시만 걸어도 땀이 줄줄 흐르는 날씨에도 사람들이 제법 보인다. 동백나무 사이사이로 보이는 바다는 눈을 시원하게 해주지만 바람은 고요하기만 하다. 붉은 동백 필 때면 이

길이 얼마나 아름다울까? 그때 다시 오고 싶다는 생각을 하며 걷는다. 동백은 두 번 피는 꽃이다. 나무에서 한 번, 땅에 떨어져서 한 번……. 세상에 미련 따위 없는 무욕의 꽃이다. 땅에 떨어져서도 환하게 꽃불을 밝히는 동백도 등대와 닮았다.

쉬엄쉬엄 삼십 분쯤 걷자 등대가 보인다. 1952년 5월 12일에 불을 밝힌 오동도등대는 속초등대처럼 젊은 등대에 속한다. 등대 외벽에 엘리베이터를 설치해 놓았다. 그것을 타

고 전망대로 올라간다. 전망대에서 내려다보니 동백 숲이 먼저 보이고 다음 여수 바다가 그 건너 섬들이 겹겹이 보인다. 남해의 아름다운 풍광이다.

청정해역을 자랑하는 한려수도는 전남 여수시 오동도에서 경남 통영시 한산도에 이르는 물길을 일컫는데 남해의 물길 50해리를 말한다. 호수처럼 잔잔한 푸른 물빛 하며 오백여 개의 크고 작은 섬들이 동화처럼 떠 있는 곳이다. 또한 이곳에는 임진왜란 당시 충무공 이순신 장군의 전적지가 곳곳에 널려 있어 역사의 교육장으로서도 훌륭한 곳이다. 한려해상국립공원으로 지정된 이곳은 섬과 섬 사이를 누비며 내닫는 산뜻한 쾌속정의 항로도 일품이거니와 석양 비친 물길 위에 범선 두어 척이 가는 듯, 오는 듯 무심히 떠 있는 정경은 한려수도 아니면 맛볼 수 없는 낭만의 극치라 한다.

여수는 근래 젊은이들이 많이 찾는 곳으로 여수 밤바다의 '낭만포차' 등이 유명하다. 이곳에서 다시 목포로 가는 일정이라 밤바다의 운치는 다음 기회로 미뤄야겠다. 전망대를 내려오며 통영에서 배를 타고 여수까지 와 봐야겠다는 생각을 한다.

등대 사무실 앞에서 조심스레 노크한다. 일정이 갑자기 바뀌어 약간의 여유가 생긴 까닭에 사무실에 들른 것이다.

근무 중인 직원과 인사를 나누고 궁금한 것들을 물어본다. 가는 곳마다 등대를 지키는 분들을 만나곤 하는데 대체로 외부 사람들을 꺼리는 눈치여서 무척 조심스럽다. 우리는 그들을 '등대지기'라고 부른다. 하지만 지금은 '항로표지관리원'으로 바뀌었다. 등대지기라는 말이 정감 있어 훨씬 좋은데 그분들이 꺼린다니 그렇게 부를 수는 없다.

그는 자신을 드러내는 것을 극도로 싫어했지만, 등대를

지키는 사람으로서의 소신은 확고했다. 등대를 사랑하는 그의 마음은 실로 대단한 것 같았다. 그의 마음을 읽으며 여러 생각이 교차한다. 그는 여수지방해양수산청에서 관할하는 소리도등대에서 오랫동안 근무를 했다고 한다. 그런데 소리도의 작고 소박한 등대가 이제는 사라졌다는 것이다. 원래 있던 등대 위에 덧씌워 신 등대를 만들었기 때문이란다. 근무 당시 똑딱이 카메라로 찍은 소리도 옛 등대를 보여 준다. 사라지고 없다는 일몰 속 등대의 아름다운 모습이 뭐라 형언할 수 없는 느낌으로 다가온다.

소리도등대는 남쪽에 자리하고 있어 날씨만 좋으면 매일 일출과 일몰을 볼 수 있다는데 볼 때마다 절경이라 했다. 비록 먹고 입는 것은 남루하나 보는 눈만은 최고의 호사를 누리며 살았다며 웃는다. 세상을 해탈한 듯 사는 그는 그동안 다니면서 만난 '등대지킴이' 중에 가장 강렬한 인상을 남긴 사람이다.

딩동, 휴대전화에서 메일이 도착했다는 신호를 보낸다. 오동도등대에서 만난 그가 옛 소리도등대 사진 두 장을 보냈다. 귀한 선물, 소리도 옛 등대를 보고 또 보았다. 나의 소망 바구니에 소리도등대가 추가되었다.

또 다른 등대

여수에 가면 만나기로 한 사람이 있었다. 그녀 역시 등대와 같은 사람이다.

'등대스탬프투어'를 시작하면서 등대박물관에 가게 되었다. 2018년 1월 2일, 새해를 호미곶에서 맞았고 그 옆에 있는 등대박물관을 찾았으나 그날은 박물관이 쉬는 날이었다. 3월 초에 다시 가게 되었다. 그곳에서 해설사의 설명을 듣다가 등대 투어 중이라는 말을 했더니 이미 완주한 부부가 있다고 했다. 육 개월 만에 열다섯 군데의 등대를 다 돌고 3월 초 첫 번째로 완주 메달을 받았다는 것이다. 반년 만에 완주했다니 우리나라 사람들 정말 속전속결이구나 싶었다.

이 행사는 5년간에 걸쳐 다니면 되는 것인데 벌써 완주한 사람이 나오다니 놀라웠다. 박물관 측에서도 이렇게 빨리 완주할 줄은 몰랐다고 한다. 나야 속도전으로 다닐 것은 아니지만 대단한 분들이라는 생각이 들었다.

알고 보니 아름다운 사연이 있었다. 해설사를 통하여 그 분의 의사를 타진한 후, 연락하게 되었다. 부부는 신장을 하나씩 나누었다고 했다. 남편이 아내에게 받은 것이다. 수술 후 요양 차 제주 마라도에 갔다가 '등대스탬프투어'를 알게 되었고 도전해 보기로 했다는 것인데 부부는 가을부터 다음

해 봄까지 다니면서 뱃길이 한 번도 끊긴 적이 없었다고 했다. 병마와 싸우는 남편에게 희망의 빛이 되어준 아내의 마음이 하늘에 닿은 것이리라.

마침 밴드를 만들어 놓았다며 초대를 했다. 그곳에서 먼저 다녀온 등대에 대한 정보도 얻고 등대 이야기도 나누며 안부도 묻는 사이가 되었다. 오동도등대를 가면 꼭 얼굴 보자며 약속을 했다. 그런데 하필이면 한여름 폭염 속에 가게 되어서 연락하기가 망설여졌다. 여름 손님은 호랑이보다 무섭다지 않던가. 목포로 향하면서 다녀간다는 문자를 넣었다. 서로 아쉬운 마음을 달래며 다음을 기약했다.

등대는 생각보다 많은 일을 한다. 선박의 위치와 항로 결정, 장애물에 대한 경고는 물론, 좁은 수로 또는 항로의 한계 등을 알려주고, 육지의 원근, 소재, 위험 장소를 알리거나 입항 선박에 항구 위치를 알려 준다.

여수의 그녀는 등대다. 가정에 불이 꺼지지 않도록 가장을 위험에서 구해내고 등대처럼 굳건히 서서 비바람을 막아내었다. 생의 동반자와 함께 인생의 바다에 불 밝혀가는 그녀야말로 진정한 등대, 아름다운 등댓불이다.

등댓길에서 역사를 만나다

여수

거문도등대

여수항에서 거문도까지 오는데 쾌속선으로 두 시간 조금 넘게 걸렸다. 늦은 오후에 도착했기에 서둘러 섬 택시를 타고 등대가 있는 서도로 향했다. 거문도와 서도는 삼호교로 연결되어 있다. 택시는 등대목 앞에서 내려 주었다.

옛날에 거문도는 삼도, 삼산도, 거마도 등으로 불렸으나 영국의 거문도 점령에 항의하기 위해 중국 청나라 제독 정여창이 거문도를 방문하였다가 이 섬에 학문이 뛰어난 사람이 많은 것을 보고 문장가들이 많다는 의미인 '거문'巨文으로 개칭하도록 권유하여 그때부터 '거문도'로 불리게 되었다. 현재는 서도, 동도 고도로 불리며 이 중에서 고도만이 거문도라고 부른다. 세 섬 중 등대가 있는 서도가 가장 크며 동백 숲이 우거져서 사철 푸르다. 이곳에 위치한 수월산(해발 128M)에 거문도등대가 있다.

처음인 듯 모든 게 낯선 풍경인 거문도는 실은 사십여 년 전에 와 본 적이 있다. 그때만 해도 여수에서 거문도까지 족히 대 여섯 시간이 걸리는 뱃길이었다. 여름휴가 차 직장 동료들과 함께 와서 며칠 지냈는데 다른 것은 기억에 없고 심한 뱃멀미의 기억만이 선연하다. 먼 기억의 세월을 지나오

는 사이 배는 쾌속선으로 바뀌어 옛날보다 절반 넘게 줄어든 시간으로 이곳에 닿게 했다.

우리나라 아름다운 등대 열다섯 곳을 완주하고 나자 나머지 유인등대에도 가보고 싶어졌다. 등대 지도를 펼쳐놓고 가보지 못한 등대들을 찾아보았다. 거문도와 소리도등대를 묶어서 가기로 하고 나선 길, 좋은 날씨를 기대했으나 봄 안개와 미세먼지 황사 등으로 기대를 보기 좋게 비켜 갔다.

택시에서 내려 등댓길로 향한다. 크고 작은 돌들이 울퉁불퉁 놓여 있는 길을 현지 사람들은 등대목이라 불렀다. 그 길을 건너면 동백 숲으로 뒤덮인 고즈넉한 숲길이 나온다. 봄이 막 열리고 있는 숲길에는 동박새 맑은소리가 육지 사람을 반기고 동백은 필락 말락 붉은 입술을 뾰족이 내밀고 있다. 새소리와 나무와 동무 삼아 삼십 분쯤 걸으면 바다가 펼쳐진 오른쪽으로 등대가 모습을 드러낸다.

돌기둥에 이름표를 새겨 넣은 등대 입구를 지나면 왼쪽으로 관사동이 있고 붉은 우레탄이 깔린 길을 걸어 등대가 가까워지면 아치형 나무 아래를 지나게 되는 두 번째 입구가 나온다. 그 안에 자리 잡은 등대 모습이 너무나 아름다워서 좋다! 감탄사를 연발하며 잠시 머물게 된다. 아치형 쪽나무 아래를 지나면 33m의 큰 키를 자랑하는 거문도등대가 우뚝 솟아 밤이면 다도해를 비춘다. 1905년부터 등댓불을 밝혔던 구 등대는 긴 역사를 간직한 채 등대 문화유산으로 지정되어 보존되고 있다. 등대와 사무동이 함께 있는 등대 주변을 둘러보고 구 등탑에도 오른다. 지금은 사용하지 않는 무종과 무신호기도 함께 있다.

서서히 저무는 해가 잿빛 구름 사이로 모습을 드러냈다 숨기를 반복한다. 등대를 지나면 해벽 위에 세워진 정자 '관백정'이 있다. 관백정에서 바라본 바다에는 유람선이 물보라를 일으키며 시원스레 달리고 먼바다는 해무가 짙어 경계가 분명하지 않다. 아슴푸레한 너머에는 무엇이 있을까? 눈앞의 것만 보고 살기에도 급급한 우리의 일상은 늘 바쁘고 고단하기만 하다. 세월의 먼 길을 걸어 이 자리에 서 보니 인생 뭐 별건가 싶은 생각이 무시로 들었다. 그래서 마음 흐르는 대로 여기까지 왔다. 삶에 해답 같은 건 없다.

해는 점점 기울고 빛을 등진 등대는 명암이 더욱 선명하

다. 눈부시게 빛날 때 잘 보이지 않던 것들이 어두워지면서 오히려 차분히 눈에 들어오는 경우가 있다. 사람도 마찬가지다. 잘 꾸민 앞모습보다 꾸밈없는 뒷모습에 더 많은 사연이 숨어 있는 것처럼 말이다.

아무도 없는 등대에서 지는 해를 보며 발길을 돌린다. 데리러 올 택시와 시간을 맞추려면 이곳에 더 머물 수가 없다. 바다를 옆에 두고 걷는 숲길, 저녁 새소리가 정겹다. 하나씩 망울 터트린 동백꽃이 숲속의 꽃등불이 되어 길을 밝힌다. 곧 등댓불도 바다를 비추리라.

등대목을 지나 기다리고 있는 택시를 타고 다시 거문도로 나왔다. 기사님이 소개해 준 거문도에서 가장 큰 집이라는 민박에 들었다. 그새 어둠이 내렸다. 주인장을 따라 숙소가 있는 이층으로 오른다. 삐걱대는 나무계단을 올라서자 실내의 사물들이 여명처럼 푸르스름한 빛을 둘러쓰고 있다. 딸깍, 주인이 스위치를 눌러 불을 켠다. 잘 정돈된 가구들이 제빛을 발한다. 여행길에서 묵었던 그동안의 숙소와 사뭇 다른 모습이라, 얼른 씻고 쉬고 싶었던 생각은 저만치 달아나고 호기심이 바짝 다가선다.

주중이라 그런지 손님은 우리밖에 없다. 넓은 이층을 통째 차지하게 생겼다. 항구가 바로 보이는 방에 짐을 풀고 주인장에게 말을 건넨다.

여수에서 이곳으로 시집왔다는 안주인이 집의 내력을 풀어낸다. 이 집은 1925년에 일본인이 지은 집이라 했다. 처음부터 여각旅閣으로 사용하기 위해 세워졌는데 지은 이가 여자였다는 것이다. 일제강점기 때 우리나라 섬에까지 들어와 해산물을 거래하는 무역업을 했으며 상인들을 상대로 숙박업까지 하였다니 가히 여장부라 아니 할 수 없겠다.

일본인 주인은 당연히 부릴 수 있는 현지인이 필요했을 것이다. 지금 안주인의 시할아버지가 여각에서 일했다고 한다. 해방이 되자, 일본인들은 본국으로 돌아가야 했기에 이 집을 물려주고 갔다. 이곳 말고도 여러 채가 있었지만, 거문도에서 가장 큰 이 집을 주었다. 주인에게 시할아버지는 필시 신임이 두터웠을 것이다.

거문도는 1885년 3월 1일 영국 함대 3척이 불법으로 점령하여 2년간 주둔했던 곳이다. '거문도 사건'은 당시 영국과 러시아가 세계 도처에서 상호 간의 제국주의적 대립으로 일어난 사건이었다. 조선 정부는 이 사건의 해결 과정에서 극도의 허약성을 드러내었고 문호를 개방하라는 서구 열강들의 압력을 받았다. 개항 후 조선은 열강들의 침략전의 각축장이 되었다.

천연의 요항要港인 거문도는 대한해협의 문호로서 한일 양국의 해상통로는 물론 러시아의 태평양 진출의 요충지였다. 영국이 제일 먼저 침략하였고 러시아와 청나라가 호시탐탐 노렸으나 그들이 빠지고 일본이 차지하게 된 것이다. 거문도에 적산가옥이 많은 것도 이 때문이다. 흘러간 역사는 말이 없지만 잊지 말고 기억해야 할 일이다.

집의 역사를 들려준 안주인의 이야기가 이어진다. 요즘 섬에서는 어업이 주업은 아니란다. 예전만큼 고기가 잡히지도 않거니와 섬을 찾는 여행객이 늘어나는 추세라 대부분 관광업과 겸하여 생업을 유지하고 있다는 것이다. 민박을 치거나 식당을 하고, 낚싯배나 유람선에 관광객을 싣는다. 그렇게 삶의 형태가 바뀌고 있다.

벽 한 곳에 눈길이 머문다. 화려한 놋쇠 장식을 단, 키 높이가 다른 반닫이 두 개가 붙박이로 있다. 지금은 보기 힘든 정겨운 옛 가구, 세기를 넘어온 반닫이는 고색창연하다. 회벽 사이 나무 기둥에서 오랜만에 맡게 되는 익숙한 향이 난다. 향나무 기둥은 몸통 전체가 울퉁불퉁 조각품처럼 아름답다. 잔가지를 쳐낸 자국들이다. 세월에 깎인 반질반질한 자국을 어루만지니 더 진한 향을 뿜어낸다. 후각까지 자극하는 미학적인 기둥, 집을 지은 사람의 안목이 보통이 아니었던 것 같다.

등댓길을 걷지 않았더라면 이곳에 묵을 일도 없었을 것이다. 살아온 경험에 비추어 볼 때 한 가지 일에 몰두하게 되면 반드시 생각지 못한 뜻밖의 일들과 마주치게 된다는 것이다. 물론, 난관에 봉착할 수도 있지만 말이다.

거문도에 있는 민박집에서의 하룻밤은 지나간 역사를 새삼 생각하게 하고 1905년에 세워진 거문도등대의 탄생 역시 아픈 역사와 무관치 않다는 것을 알게 되었다.

다음 날 아침, 녹산등대를 갔다가 오전에 여수로 나가기로 돼 있었는데 안개로 여수에서 배가 오지 않았다. 늦은 오후 배를 타고 나오는 바람에 계획했던 소리도는 가지 못했다. 인생은 뜻대로 마음먹은 대로 되지 않는다는 것을 등댓길을 걸으며 다시금 절감하고 있다.

고행 끝에 만난 환상의 등대섬

통영

소매물도등대

늦은 봄, 예정에도 없던 소매물도를 가게 되었다. 여유시간이 생긴 옆지기가 통영으로 차를 몰았다. 작정하고 나선 길은 아니었으나 조만간 가려던 곳이었다. 한밤중 거가대교를 넘어가는데 밤바람이 심상치 않았다. 새벽에 도착한 통영, 항구 근처 포장마차에서 냄비우동을 먹는데 포장 주변으로 칼바람이 윙윙거렸다.

숙소에 들어 몇 시간 자지도 못하고 여객선 터미널에 전화를 했다. 좋지 않은 예감은 비껴가지 않았다. 밤길을 달려간 보람도 없이 혹시나 했던 기대는 모래성처럼 여지없이 부서졌다. 철 지난 '도다리쑥국'만

배부르게 먹고 돌아왔다. 바닷길 건너는 일은 사람의 의지와는 무관했다. 오로지 자연의 섭리에 기대어 사람이 맞추어야 한다는 것을 다시 한번 절감했다.

그로부터 3주 후, 다시 소매물도를 가기 위해 희붐한 새벽, 집을 나선다. 통영보다 지름길이라는 거제도 저구항에 도착한 시간은 여섯 시 삼십 분, 새벽길이라 더 빨리 온 것 같다. 날씨는 그야말로 쾌청! 국밥집에서 뜨끈하게 속을 데운다. 오전 여덟 시 삼십 분에 출항하는 배를 타고 등대섬으로 향한다. 오늘은 오전 열 시부터 오후 네 시까지 바닷길이 열린다고 하니 이변이 없는 한 등대섬에 갈 수 있을 것 같다.

섬으로 들어가는 일은 미리 알아봐야 할 것들이 많다. 날씨는 어떤지, 배는 하루에 몇 번이나 오가는지, 물길은 언제부터 열리는지 등. 그런데 오늘은 차려놓은 밥상에 숟가락 하나 얹듯 따라나서기만 하면 되다니! 날씨도 좋고 물길 열리는 시간과 길동무까지 완벽한 조합이다. 등대섬을 건너기에 이보다 좋은 조건이 또 있을까. 전날의 일정을 소화하느라 몹시 고단했지만, 마음은 이미 등대섬에 가 있다.

길동무인 그녀는 옛 직장 후배이다. 워킹맘으로 당시 주말부부였던 나는 남편이 있는 곳으로 발령을 받았다. 가족이 모여 살게 되었으나 친정 곁을 떠나오니 아이들을 돌봐 줄 사람이 없었다. 취학 전 아이들과 바뀐 환경에서 일을 병행하려니 감당하기 벅차 한동안 힘든 시간을 보냈다. 그때 그녀의 도움이 큰 힘이 되었다. 아직 현직에 있는 그녀와 이십 년이 지난 지금도 자주 만나 정을 나누며 소중한 인연을 이어가고 있다.

근래 등대를 순례한다는 내 말을 듣고 그녀도 남편과 소매물도를 가기로 했다는 것이다. 그녀의 남편이 고교 시절에 가 본 소매물도가 무척 인상적이었다며 시간이 맞으면 같이 가자고 했다. 속초에서 돌아온 다음 날로 강행군이 예상되었지만, 등대섬에 가고 싶은 마음을 미루고 싶지 않아 약속을 하고 말았다.

소매물도는 사진작가들에게 아름다운 촬영지로 널리 알려진 곳이며 제과 회사의 광고를 찍은 곳으로도 유명하다. 매물도라는 명칭은 본래 본섬인 대매물도의 형상이 '메밀'처럼 생겨서 붙여졌다고 한다. '매물'은 '메밀'의 경상도 말이다. 등대섬의 원래 이름은 해금도海金島이지만 등대와 어우러진 모습이 너무 아름다워 등대섬으로 불렸는데, 2002년 국립지리원 고시에 의거 공식 명칭인 '등대도'로 확정되었다.

우리가 탄 배는 순풍에 돛을 달고 오월의 바닷길을 미끄러지듯 나아간다. 뱃전에 서서 짙푸른 바다와 뱃길이 만들어 내는 새하얀 물보라를 무심코 바라보다 문득, 사람 사는 일도 저렇듯 희고 푸르게 빛난다면 얼마나 좋을까 싶었다. 하지만 우리네 삶은 맑은 날보다 흐린 날이 더 많고 마음 밭은 시시때때 상처로 얼룩진다. 하여 사람들은 마음에 푸른 물 들이려 산으로 바다로 길을 찾아 떠나는지도 모른다.

섬에 내리니 마을 초입에 식당과 카페가 밀집해 있고 등대섬으로 가는 길은 들머리부터 오르막이 시작된다. 우리는 풍경이 아름다운 해안 길을 택해 걷는다. 신록이 우거진 숲 속과 눈부신 햇살 속을 들락날락 번갈아 가며 걷는데 피로가 누적된 몸은 물먹은 솜처럼 천근만근, 땀이 비 오듯 흐른다. 후배 부부가 눈치챌까 태연한 척하지만, 자꾸만 다리가 꼬인다.

땀을 뻘뻘 흘리며 천연 전망대 망태봉에 다다르니 소매물도의 절경이 한눈에 들어온다. 망태봉 정상 바로 앞에 등대섬이 그림처럼 내려다보인다. 여기서 보는 등대섬의 전경은 소매물도 절경 중 최고라더니 빈말이 아니다. 등대섬이 빚어내는 멋진 풍광에 취하다 보니 쌓인 피로가 몽땅 날아가 버리는 것만 같다.

하루에 두 번, 썰물 때가 되면 소매물도 본섬과 등대섬 사이에는 모세의 기적처럼 바다가 갈라지고 그 자리에는 약 80m의 자갈길이 생긴다. 땀을 씻고 망태봉에서 다시 등대섬으로 향한다. 가파른 나무 계단을 내려서니 몽돌이 드러난 바닷길이 보이는데 지칠 대로 지친 나는 저 길을 언제 다 건널 수 있을까 까마득하기만 하다. 휘청거리기를 몇 번, 길동무의 도움으로 무사히 자갈길을 건너자 새로운 세상이 펼쳐진다.

목장 길을 따라가듯 완만한 나무 계단을 오르면 해변 쪽으로 새하얀 암벽과 갖가지 형상의 바위들, 눈이 시리도록 새파란 물빛과 아스라한 수평선이 한 폭의 수채화가 되어 눈에 담긴다. 고개를 오른쪽으로 돌리면 들꽃이 흐드러지게 핀 초원이 보이는데 그 속에 들면 여기가 알프스인가 싶을 정도다. 이 모든 것들과 우뚝 솟은 등대와의 어울림은 형용하기 어려울 만큼 환상적이다. 등대를 눈앞에 두고 어렵사리 건너온 길을 되돌아본다. 힘들다고 미루었다면 언제 오게 될지도 모를 일이었다.

매사 무리하지 않으며 위험하다고 피하고 산다면 그 '너머'의 것을 만나기는 어렵다. 살아온 세월 속에서 깨달은 것은 '그때' 하지 않으면 '다음'은 없다는 것이다. 세상은 결코

내 위주로 돌아가지 않으며 기다려 주지도 않는다. 온전히 가용할 수 있는 시간이 점점 줄어들고 있다는 깨달음 앞에서 나도 모르게 용감해져 있었다. 혹자는 내게 그 힘든 길을 왜 다니냐고 한다. 그 물음에 답이 될는지 모르겠다.

지나온 풍경을 뒤에 두고 등대와 마주한다. 등대 앞에 서면 왠지 경건해지는 마음이 된다. 등대는 자연과 가장 잘 어우러지는 조형물이라는 생각마저 든다. 소매물도등대는 일제강점기 때 일본의 필요에 의해서 1917년 무인등대로 건립되었으나 1940년 유인등대로 전환되었다. 등탑의 높이는 16m이다. 하얀색의 원형 등탑은 자태가 고풍스러울 뿐만 아니라 프

리즘 렌즈를 사용한 대형 등명기를 이용해 약 48km까지 불빛을 비추며 남해안을 지나는 선박들에 희망의 메시지를 전달한다.

등대에서 제법 긴 시간을 보낸다. 후배 부부의 사진 찍는 모습이 보기 좋아 나는 그들을 찍는다. 오래전, 그녀의 남편은 큰 병과 사투를 벌였고 길고 힘든 싸움에서 그는 이겼다. 시련의 시간을 부부가 마음 모아 잘 건너왔기에 이 순간 행복하게 웃고 있는 것이다.

> *언제나 그런 꿈을 꾼 듯하다/ 나 나무처럼 늙었을 때/ 역시 나무처럼 늙은 그대와 함께 늦은 오후 산책을 나서는 꿈// 더 이상 할 말이 남아 있지 않을 것이므로/ 그저 나란히 늦은 오후와 이른 저녁 사이를 걷다가/ 늙은 나무 옆에서 어느 여행자의 카메라에 들어가는 꿈*
>
> *- 조병준의 '따뜻한 슬픔' 전문*

환상적인 등대섬을 떠나오며 생각한다. 아름다운 부부와 함께한 시간을 나는 오래도록 잊지 못할 것이라고…….

부산항의 파수꾼

부산

—

오륙도등대

낚싯배에서 내려 바위섬을 오른다. 조심하지 않으면 위험할 수도 있겠다. 이런 곳에 등대를 어떻게 세웠을까? 우리나라 아름다운 등대 16경에 포함된 오륙도등대가 스탬프 투어에서 빠진 이유를 알 것 같다. 아름다운 곳임은 분명한데 일반인들이 찾기에는 무리가 따른다. 오륙도를 한 바퀴 돌아보는 유람선이 있지만, 등대섬에 가려면 낚싯배를 이용해야 하는데 언제나 대기하고 있는 것이 아니다. 몇 달 전, 멋모르고 왔다가 배가 없어 되돌아간 적이 있다.

부산하면 바로 떠오르는 곳이 오륙도다. 오륙도는 부산만 송두말에서 남동쪽으로 약 600m 지점에 있다. 총면적은 0.019㎢이다. 숫자가 말해 주듯 아주 작은 섬으로 육지에서 가장 가까운 방패섬을 비롯하여 수리섬과 송곳섬 그리고 굴섬과 등대섬(밭섬)으로 이루어진 바위섬 다섯 개가 있다.

오륙도는 간빙기 이전까지는 육지인 송두말에서 남동쪽으로 길게 뻗어 있었으나, 간빙기 이후 수직으로 부서지며 침식되어 다섯 개의 바위섬이 되었다. 한 몸이 다섯 개로 분리되는 과정에서 암석의 굳기에 따라 차별적 침식이 수평으로 진행되어 섬들이 모두 파식대를 쌓아 올린 듯하다.

오륙도라는 이름은 방패섬이 썰물 때는 한 개의 섬이었다가, 밀물 때는 바닷물에 의해 두 개의 섬으로 분리되어 보이는 것에서 유래된 것이며, 〈동래부지 東萊府誌〉에도 오륙도에 관한 기록이 있는 것으로 보아 오래전부터 불러온 것으로 여겨진다.

지명은 어느 곳 할 것 없이 사람들의 눈에 보이는 대로 단순하게 지어지는 것 같다. 오륙도 역시 예외는 아니다. 육지

에서 가장 가까운 방패섬은 세찬 비바람을 방패처럼 막아 준다고 하여 붙여졌고, 솔섬은 소나무가 자생하고 있는 데서 비롯되었으며 송곳섬은 송곳처럼 뾰족하게 생겨서, 수리섬은 예전 독수리가 갈매기를 포획하기 위해 모여들었다 하여 붙여진 이름이다. 또한 굴섬은 가장 큰 섬으로 큰 동굴이 있어서다. 육지에서 가장 먼 등대섬은 위가 평평해 밭섬으로 불리다가 등대가 세워진 뒤부터 등대섬이라 불린다.

부산 앞바다에 가지런히 배열된 다섯 개의 바위섬은 부산항을 지키는 파수꾼이기도 하다. 1876년 부산항이 개항되고 나서 부산의 관문인 오륙도 앞으로 배들이 드나들기 시작하자 항구를 오가는 선박들의 길잡이가 필요해 등대가 세워졌다. 오륙도등대는 우리나라에서 가장 큰 국제 항구인 부산항을 드나드는 각종 선박이 반드시 지나야 하므로 오륙도와 더불어 부산항의 상징으로 통한다.

오륙도등대의 최초 점등 일은 1937년 11월이다. 당시 6.2m 높이로 건립됐으나 등대가 너무 낡아 보수가 필요해 공모를 통해 1998년 12월, 웅장한 모습으로 새롭게 태어났다. 등탑 높이를 27.5m로 높이고 등대 내부에는 우리나라 주요 등대를 살펴볼 수 있는 사진 전시실을 갖췄으며 부산항을 한눈에 굽어볼 수 있는 전망대가 설치되어 있다. 이곳

에 올라서면 활기찬 부산항의 모습과 밤이면 아름다운 야경이 눈앞에 펼쳐진다.

난간을 잡고 등대에 오르니 비바람에 부대낀 흔적이 역력한 '오륙도 항로표지관리소'라는 현판이 눈에 들어온다. 유인등대로 직원이 상주했으나, 우리가 갔을 때는 무인등대로 바뀐 뒤였다. 후에 가덕도등대에 갔을 때, 이곳 오륙도등대에서 근무한 적 있는 등대장을 만났다. 그가 들려준 이야기는 큰 태풍에 집채만 한 파도가 등대섬을 완전히 덮친 적이 있다고 했다. 그는 세탁기 위에 올라가 가까스로 위험한 순간을 넘겼다고 했다. 다른 섬에 있는 등대보다 육지와 가깝다고는 하나 작은 바위섬 위에 등대 하나 우뚝 솟아 있는 이곳은 태풍에 특히 취약하게 보였다.

등대에 가면 어김없이 만나게 되는 태양광 집열판이 늦봄

따가운 햇볕을 욕심껏 빨아들이고 있다. 등대 전망대에 올라가 부산 앞바다를 눈에 담는다. 바위섬에서 낚시하는 사람들이 몇 보인다. 위태로워 보이는데 정작 그들은 태연하게 낚시에 열중하고 있다. 전망대에서 내려와 난간을 잡고 등대 앞쪽으로 내려갔다. 풀 한 포기 없는 강건한 바위섬에 세워진 등대는 오후 햇살을 등에 지고 있다. 부산항으로 입항하는 배들이 제일 먼저 만나게 되는 오륙도등대는 예전과 달리 홀로 뱃길을 비추며 선박들의 안전을 책임지고 있다. 함께 하던 등대원은 없지만, 풍파를 겪으며 살아온 등대는 알 것이다. 세상 모든 것은 변할 수밖에 없다는 것을.

사람이 직접 하던 일들이 줄어들고 기계나 인공지능이 대신하는 시대가 되었다. 물길 따라 흐르는 조류를 거스를 수 없듯이 시대의 흐름 또한 거스를 수는 없을 것이다. 처음 등대 여행을 시작했을 때, 등대원이 상주하여 근무하는 유인등대는 서른아홉 기에 달했다. 몇 년이 지난 사이 대여섯 곳이 무인등대로 바뀌었다. 앞으로 무인등대는 계속 늘어날 것이라고 한다. 제반 여건과 여러 문제를 고려하여 결정되었겠지만, 기본적으로 집에는 사람이 함께 살아야 한다고 생각한다. 더욱이 그 집이 불을 밝히는 등대(lighthouse)라면 말이다.

사랑하고 싶다면
하늘 맑은 날 등대로 가자

부산

—

영도등대

영도등대를 찾아가는 길, 영하로 뚝 떨어진 기온 탓에 몸이 자꾸 움츠러든다. 요즘은 '따뜻한 남쪽 나라'라는 말이 무색할 지경이다. 구름 한 점 없는 겨울 하늘은 얼음장처럼 쨍하고 맵찬 바람까지 분다. 사장교斜張橋인 부산항 대교에 들어선다. 구름다리를 타고 하늘로 오르는 기분이라 추위쯤이야 견딜 수 있을 것 같다. 하늘과 바다 사이를 달리다 보니 목적지다.

차를 세우고 나오자 거센 바닷바람에 정신이 번쩍 든다. 차 안에서 느끼는 것보다 훨씬 춥다. 잠시도 서 있기가 힘들 지경이다. 그깟 추위 강원도에 비하면 아무것도 아니라며 큰소리치던 남편이 순간 당황스러워한다. 이 정도로 추운 줄 몰랐다. 차 안에 있던 머플러로 재무장을 하고 걷는데 맵찬 바람에 발길이 앞으로 나아가지를 않는다.

등대까지 걸어가려던 계획을 바꾼다. '다누비 순환 열차'라는 재미있는 이름표를 보며 줄을 선다. '이 구역은 내가 다 누비며 데려다줄게.'라고 말하고 있는 것이다. 이 추위에도 외국인 관광객들이 간혹 보인다. 앞에 선 중국인 부부에게 눈길이 머문다. 그들도 한파를 예상하지 못했는지 입은 옷이 거센 바람을 막기에 충분치 않아 보인다. 남편이 편의점으로 뛰어가 장갑을 사 와서 아내에게 끼워주고 청바지와 운동화 사이 발목이 시릴까 봐 쪼그려 앉아 바짓단을 여며준다. 그래도 안심이 안 되는지 연신 괜찮은지 묻는다. 함께 산 흔적이 제법 묻어나는 부부 같은데 아내를 위하는 마음이 지극정성이다. 젊지도 늙지도 않는 이국의 부부, 남편의 애틋한 사랑이 꽤 인상적이다.

순환 열차가 맨 먼저 세워주는 곳은 전망대다. 등대에 가려면 이곳에서 내려야 한다. 바다로부터 비춰드는 햇볕 때문인지 온기가 느껴져 추위는 다소 견딜만하다. 조금씩 풀리는 날씨에 마음이 경쾌해져 음계를 밟듯 나무계단을 총총

밟으며 내려간다. 죽 그어진 수평선이 얼마나 선명한지 하늘과 바다가 각각 제 품에 안기라는 듯 품을 한껏 펼치고 있다.

등대가 자리한 곳은 어디든 수려한 풍광을 자랑하지만, 이곳 영도등대의 주변 풍경이 유난히 아름다워 사랑 고백이라도 해야 할 것 같은 로맨틱한 기분이 된다. 겨울 하늘은 눈이 시리게 파랗고 바다는 짙푸르게 출렁댄다. 우뚝 솟은 등대는 하얀 몸통에 후광이 서린 듯 주위가 유독 환하다. 등대의 키는 35m, 몸통은 원형으로 군살 없이 쭉 뻗어 올라가다가 꼭대기 부분에 둥근 테 지붕을 덧씌운 모양새를 하고 있다. 어느 기상 늠름하고 인물 좋은 대장부라도 저기다 비길까.

부산시 영도구 태종대에 위치한 영도등대는 1906년 12월에 세워졌다. 백 년 동안 부산항의 길목에서 영롱한 불빛을 밝혀왔으나 시설 노후로 2004년에 새로운 등대로 교체되어 부산지역의 해양관광 명소로 거듭났다. 새로 건립된 영도등대는 등대시설, 예술작품 전시실과 자연사 박물관 등 3개 동으로 구성되어 있으며, 등대시설은 기존 등대와 같이 백색의 원형 철근콘크리트 구조로 불빛은 40km까지 나아간다.

영도등대의 처음 명칭은 목장이라는 뜻의 목도牧島등대라 하였으며 1948년 1월에 절영도絶影島등대로 개칭하였다. 절영도라는 지명은 영도에서 군사훈련용 말을 많이 길렀는데 이곳에서 기른 말들은 비호같이 빨라 순식간에 말의 그림자도 보이지 않았다 하여 절영도라 불리었으며 후에 행정 편의상 '절'자를 빼고 영도라고 하였다.

오후가 되자 추위는 다소 누그러지고 햇살이 따사롭다. 등대 주변의 풍경에 감탄하며 스탬프를 찾아 찍고 사무실을 찾았다. 등대만큼 훤칠하고 듬직한 직원이 반갑게 맞아준다. 영도등대는 관광명소와 다름없는 곳이 되었다고 자랑부터 시작한다. 영화 촬영지가 되기도 하고 그림 전시와 음악회도 열린다고 하니 자랑할 만하다. 차 한 잔 나누는 동안에도 사무실 전화기는 쉬지 않고 울린다. 대부분이 등대 여권에 찍을 스탬프를 못 찾겠다는 전화다. 귀찮을 법도 한데 일일이 설명해 주고 그래도 못 찾는 사람을 위해 직접 내려가기까지 한다.

에너지 넘쳐 보이는 그는 20년째 등대와 함께 생활하고 있다고 한다. 사무실 창으로 겨울 햇살이 월담을 하고 바다는 빛의 산란으로 더욱 반짝인다. 바다를 보던 그가 저기 보이는 바위가 신선바위인데 옛날에는 저곳에서 일 년에 한두

명은 스스로 바다에 뛰어들었다고 한다. 그날도 신선바위에서 누군가 뛰어내렸는데 그만 바위에 걸려 뜻을 이루지 못했다는 것이다. 그렇게 발견된 사람을 설득시켜 한목숨 구한 이야기를 들려주었다.

근무지가 이렇게 아름다운 곳이면 얼마나 좋을까 싶어 부러운 마음 잠시 들었으나 보이는 게 전부가 아니라는 것을 안다. 꽃시장에 쌓여 있는 고운 꽃도 꽃을 파는 상인에겐 삶의 무게만큼 무겁듯이 아름다운 곳에서 근무한다고 매일이 아름답지는 않을 것이다. 애틋하게 사랑하고 싶거나 절실하게 죽고 싶거나 삶의 이면에 드리운 빛과 그림자는 어디에나 있지만, 육지에서 더 나아갈 곳 없는 이곳, 등대를 지키는 분들의 노고에 대해 생각한다.

선착장에는 오륙도까지 둘러 오는 유람선이 정박해 있다. 따뜻한 날 배낭 꾸려 다시 와서 저 배를 타 보리라. 갤러리 see&sea로 발길을 옮긴다. 방문객을 위해 미술 작품을 소개하는 장소로 활용하는 곳이다. 바다를 배경으로 둔 갤러리에서 전시된 작품을 감상하며 즐기는 시간도 참 좋다. 자연사 박물관은 등대 바로 옆 신선바위 등에서 발견된 공룡발자국과 백악기 공룡서식지로 추측되는 이곳을 기념하는 공룡화석 등을 전시하고 있다.

등대 옆 나무계단에 앉아 있는 연인들의 모습이 보는 그대로 사랑스러운 그림이다. 부디 그대들의 사랑이 이곳에서 더욱 영글어지길! 문득, 등대에서 사랑의 언약식이나 결혼식을 해도 좋겠다는 생각이 든다. 등대를 보며 서로에게 빛이 되고 바다처럼 넓은 품으로 서로를 보듬어 주겠다는 언약을 할 수 있을 것 같은 곳이다. 어쩌면 이미 그런 곳일지도 모른다. 사람들의 생각은 얼추 비슷하니까.

누구든 무엇이든 사랑하고 싶을 때, 내 꿈의 빛깔이 점점 희미해질 때 그래서 자꾸 주저앉고 싶어져 한 줄기 빛을 찾고 있다면 이곳으로 오면 좋겠다. 다시 우뚝 서서 마음에 사랑의 빛 가득 담아 갈 수 있을 것 같아서다.

소망과 낭만 품은 미래의 바다

울산

—

간절곶등대

기해년 첫날이다. 한반도에서 가장 먼저 해가 뜨는 간절곶, 사람들은 전날부터 새벽까지 새해 해돋이를 보기 위해 간절곶으로 간다. 텔레비전 화면 속에는 수많은 인파가 모여 바다를 향해 서서 해를 기다리고 있다. 2019년 1월 1일 오전 7시 32분, 바다와 하늘을 붉게 물들이며 둥실 해가 떠오른다. 사람들은 환호하며 저마다 소망을 담아 간절한 마음으로 두 손을 모은다.

오후에 찾은 간절곶, 해맞이 인파가 빠져나가 호젓할 줄 알았던 내 예상은 빗나갔다. 맑고 따뜻한 날씨에 바람도 잠잠하다. 동해바다는 수평선을 선명하게 긋고 있다. 드넓게 펼쳐진 바다를 바라보며 등대가 있는 마당으로 들어선다. 새해 첫날을 이곳에서 보내는 사람들이 의외로 많다.

2019년 '1월의 등대'로 선정된 간절곶등대는 가족과 연인들이 즐길 수 있는 이벤트가 진행되고 있다. 전시관을 새롭게 단장해 볼거리도 풍성해지고 전시관 옥상에는 전망대가 있어 좀 더 높은 곳에서 바다를 조망할 수 있게 해놓았다. 등대 여권을 받고 틈만 나면 이곳을 찾았다. '등대스탬프투어' 열다섯 군데 중 내가 사는 울산에 두 곳이 포함되어 있는데 울기등대와 간절곶등대다. 두 곳의 등대는 등대공원으로 조성돼 지역민과 타 지역 사람들도 즐겨 찾는 관광명소

로 이름나 있는 곳이다. 예전에는 바다를 보기 위해 간절곶을 찾았다면 요즘은 등대를 만나기 위해 이곳을 찾는다. 등대투어를 하면서 등대에 무한 애정이 생긴 까닭이다.

간절곶등대가 처음 불을 밝힌 날은 1920년 3월 1일로 연대를 보면 일제강점기 때 세워진 것임을 알 수 있다. 등대는 바닷길을 오가는 배들의 길잡이 역할을 한다고 알고 있지만, 조금 깊이 들여다보면 우리나라의 등대들은 '제국의 불빛, 침략의 불빛'이 되기도 했었다. 오늘날 평화로운 시기에 보는 낭만적인 등대만은 아니었다.

동해를 내려다보고 있는 등대는 야트막한 구릉 위에 우뚝 서 있는데 새천년을 맞아 새로 건립된 신 등대다. 구 등탑은 등대 앞 잔디밭에 전시돼 있다. 등탑의 계단을 오르면 잔잔한 음악을 배경으로 시 낭송이 흘러나온다. 감성을 자극하는 시 한 편에 가만히 귀 기울여 드넓은 바다를 눈에 담으면 더 바랄 것 없는 마음이 된다. 하늘과 바다가 맞닿은 수평선을 보고 있으면 갑갑하고 답답한 삶의 고단함도 잠시나마 사라진다.

온통 흰빛인 등대를 바라본다. 배를 타고 오랫동안 항해 중인 멋진 제복의 선장이 떠오른다. 한없이 고독하면서도 어떤 풍랑에도 쉽사리 굴복하지 않는 강인한 바다 사나이를

보는 것 같다. 그래서일까? 등대를 보면 저 너머 새로운 것에 도전할 수 있는 용기마저 생긴다.

구 등탑 바로 옆에는 안개 낀 날 불빛 대신 소리로 위치를 알려주는 무신호기가 눈길을 끈다. 높은음자리표 무신호기는 맑은 날에는 할 일이 없지만, 음파표지로써 매우 중요한 역할을 한다. 등대는 크게 세 종류로 나뉘는데 빛을 이용하는 광파 표지와 소리를 이용하는 음파 표지, 모양이나 색을 이용하는 형상 표지 등이다.

등대와 구 등탑 사이에 특별한 조형물이 궁금증을 자아내게 한다. 고대 7대 불가사의 중 하나인 '로도스 섬의 청동상'이다. 태양신 헬리오스가 양다리를 벌리고 오른손에 횃불을 치켜들고 있는 모습으로 기원전 303~291년 로도스 섬 항구에 세워졌다. 다리 사이로 배가 지나다녔다 하니 그 크기를 짐작할 수 있으며 등대의 오랜 역사를 말해 주기도 한다.

등대가 자리한 간절곶은 아픈 역사도 간직하고 있다. 이곳은 일찍이 전략적으로 중요한 요충지였다. 확 트인 바다로 넓은 시야 확보가 가능했기에 예로부터 동해 남부지역을 침입하는 왜구를 방어하는 군사적 요새 역할을 해왔다. 반대로 동해를 건너 왜구가 들어오는 길목이기도 했다.

지리적 특성으로 임진왜란 당시 일본이 울산으로 쳐들어와 간절곶 입구에 서생포 왜성을 축조(1593)했다. 서생포 왜성은 회야강과 동해가 만나는 지점에 위치하며 원래 조선 수군의 만호진성이 있던 곳인데 임란 발발 직후, 왜군에 의해 함락되었다. 서생포 왜성은 일본에서도 축성 명수로 유명한 가토 기요마사加騰淸正가 1593년에 세웠다. 축성 과정에서 인근의 조선 백성들이 동원됨은 물론 서생포 만호진성이 헐려 그 돌들이 왜성을 축조하는 데 사용되었다.

현재는 과거 위에서 자라나 미래를 향해 나아간다. 어느 것 하나 뿌리 없이 불쑥 나타나지는 않는다. 지금은 아름다운 등대공원으로 사람들에게 사랑받는 곳이지만 간절곶이 겪어낸 세월 속에는 아리고 시린 역사의 시간이 점철돼 녹아있다. 앞으로의 시간은 오늘을 사는 우리에게 주어진 숙제 같은 것이 아닐까.

시선을 돌리니 등대 아래 바닷가에 전에 없던 조형물이 있다. 세계적인 해넘이 명소로 알려진 호카곶에 있는 탑이 실물 그대로 세워진 것이다. 호카곶은 유라시아 최서단 이베리아반도인 포르투갈에 있다. 동북아시아에서 가장 해가 먼저 뜨는 간절곶과 유럽 최서단 해가 가장 늦게 지는 호카곶, 시작과 마침, 알파와 오메가처럼 무척 상징적이다.

호카곶 탑 주변에 젊은이들이 여럿 모여있다. 그들은 이곳 간절곶에서 해돋이를 보고 유럽 호카곶에서 해넘이를 보겠다는 야심 찬 꿈을 꾸고 있는지도 모른다. 국토는 좁지만 우리는 삼면이 바다인 나라에 산다. 청년들이 무한대의 가능성이 펼쳐진 바다로 시선을 돌려 꿈을 향해 나아간다면 참 좋겠다. 그런 패기 있는 젊은이들을 응원하고 싶다.

새해 첫날, 동해 수평선은 더없이 선명하고 등대는 여전히 꿋꿋하다. 우리는 파도와 안개 잦은 세상의 바다에서 이리저리 부대끼며 올해도 살아가겠지만, 그런 가운데서도 새해의 수평선처럼 선명하고 기분 좋은 날들이 많이 이어지기를 고대해 본다.

꽃바위의 눈물

울산

—

화암추등대

울산에 뿌리를 내린 지도 꽤 오랜 세월이 흘렀다. 동네 버스 정류장에 서 있으면 '꽃바위'花岩로 가는 버스가, 수시로 왔다가 떠나가곤 했다. 산마을에서 출발해 도심을 지나 바다까지 가는 노선으로 등대가 있는 곳이기도 하다. 회색빛 공업 도시에서 '꽃바위'라는 지명을 만날 때마다 콘크리트 벽 사이를 비집고 피어난 민들레를 보듯 마음이 화사해졌다.

401번 버스를 타고 꽃바위 등대까지 간 날은 늦가을 오전이었다. 긴 방파제를 따라가니 거대한 덩치를 가진 화암추등대가 보였다. 등대 주변이 그동안 만났던 등대 풍경과 사뭇 다른 모습이었다. 대부분 등대가 있는 곳은 아름다운 풍광을 자랑하는데 이곳 등대는 그렇지 않았다. 크고 작은 공장들이 밀집하여 등대와 함께 치열하게 살아가는 곳이었다. 등대에 들르기 전에 먼저 꽃바위를 찾아보기로 했다. 더 이상 길은 보이지 않았다. 꽃바위는 어디쯤 있을까? 짐작으로 찾아왔지만 어수선한 느낌의 공장들만 보였다. 꽃바위는 이름만 남아 있을 뿐, 어디에도 없었다.

'꽃바위'는 검회색 바위에 꽃문양의 무늬가 하얗게 박혀 있다고 해서 불린 이름이다. 해가 떠오를 무렵, 만조를 이루었을 때 바위에 박힌 꽃무늬가 물결에 드리워져 더할 나위 없이 아름다웠다. 해질녘, 썰물 때면 온갖 바위들이 만물상을 이루어 이를 보고 감탄하지 않는 이가 없었다. 이 절경을 시인묵객들은 화암만조花岩晩潮라 부르며 방어진 12경 중 제 1경으로 꼽았다.

등대로 발길을 옮기며 자료를 찾아보았다. 1961년 이후 울산에 공업단지가 조성되면서부터 산업의 대동맥인 석유화학 제품들이 쏟아졌고, 울산항에는 이를 실어 나르는 배들의 왕래가 잦아지게 되었다. 이에 따라 해양오염사고 방지 및 선박의 안전항해를 위한 항로표지 설치가 절실히 요구됐고, 울산항 관문에 위치한 꽃방 마을 끝단에는 천 년 동

안 안전하게 항해하기를 기원하는 거북이 모양의 등대가 세워졌다.

조선 산업의 발달로 항만 축조와 매립이 이루어져 바다 쪽으로 등대를 옮겨야 할 필요성이 제기되었고, 낮아진 등고를 보완하고 울산항을 출입하는 선박들의 길잡이 역할을 원활히 수행하기 위해서 높은 등대 설치가 요구되었다. 마침내 1994년 12월 동양 최대 규모의 등대(높이 41m)가 건립되어, 머나먼 여정을 헤쳐 온 선박들을 안전하게 울산항으로 인도하게 되었다.

등대 안으로 들어가 보았다. 1층에는 홍보관이, 8층에 전망대가 있어 엘리베이터를 타고 올라갔다. 울산항을 한눈에 바라볼 수 있는 곳이었다. 시선을 멀리 던지면 탁 트인 바다가 먼저 눈에 들어오고 내려다보면 긴 방파제와 테트라포드가 보였다. 거센 풍랑에도 끄떡없을 것 같은 시멘트 덩이는 볼 적마다 무서워 발을 올릴 엄두도 나지 않는데 그 위에서 낚시하는 사람들이 있었다. 평일 오전에 한가로이 낚싯대를 드리운 장년들은 어쩌면 비정한 세월을 낚고 있는지도 모르겠다. 바다는 가을 햇빛에 은빛으로 찬란했다.

시선을 오른쪽으로 돌리니 크고 작은 크레인이 자리를 지키고 있는데 그중에서도 1,600톤급 '골리앗 크레인'에 눈길이 머물렀다. 골리앗 크레인은 일명 '말뫼의 눈을'로도 불린다. 현대중공업이 2002년 사들인 대형 크레인의 별명이기도 하다. 스웨덴 말뫼 지역에 있던 조선업체 코쿰스가 문을 닫으면서 내놓은 것으로 '코쿰스 크레인'이라고도 한다. 당시 현대중공업은 해체 비용을 부담하는 조건으로 코쿰스 크레인을 1달러에 사들여 울산으로 가져왔다.

코쿰스 크레인이 '말뫼의 눈물'로 불리게 된 것은 울산으로 옮길 때 말뫼 시민들의 반응 때문이다. 당시 수많은 말뫼 시민들이 항구에 나와 크레인의 해체와 운반을 지켜봤으며 스웨덴 국영방송은 장송곡과 함께 '말뫼가 울었다'는 내용의 뉴스를 보도했다. 20세기 초 스웨덴은 세계 조선업계의 선두 자리를 지키고 있었다. 그 중심에 있던 코쿰스의 파산과 크레인의 이동은 세계 조선 산업의 중심이 바뀌었다는 것을 보여주는 상징적인 사건이었다. 이후 '말뫼의 눈물'은 조선업계의 몰락을 상징하는 표현으로도 사용되고 있다.

코쿰스 크레인이 고향을 떠나 꽃바위에서 새 삶을 꾸린지 십수 년이 흘렀다. 고향 말뫼에 있을 때보다 힘도 더 세지고 일도 열심히 했다. 그러나 조선업계의 불황으로 골리앗 크레인은 더 이상 힘을 쓸 수가 없게 되었다. 크레인은 이곳으로 올 때 새로운 희망을 품고 왔을 것이다. 이역만리

異域萬里 머나먼 이곳에 정착했으나 그 시간은 그리 오래가지 않았다. 크레인은 어쩌면 또다시 자리를 옮겨야 할지도 모른다. 사라진 꽃바위 위에서 조선 산업의 꽃을 찬란하게 피우던 시절은 이제 역사의 뒤안길로 사라지려는가? 힘쓸 일 없는 크레인은 무심하게 자리만 지키고 있었다.

심란한 마음을 안고 등대에서 내려와 방파제로 올라갔다. 꽃바위가 어디쯤 있었을까 짐작해 보지만, 알 길이 없었다. 아까부터 바다를 바라보고 있는 아저씨에게 조심스레 말을 걸었다. 꽃바위가 어디에 있었는지 아시냐고. 바로 아래 테트라포드에 깔려 있을 거라고 했다. 내가 서 있는 아래에 꽃

바위가 있다는 말이다. 방파제를 축조하고 바다를 메우면서 사라진 꽃바위, 산업의 꽃을 피우기 위해 기꺼이 수장水葬 되었다. '화암만조'가 사라진 자리에는 한때 조선 산업의 꽃이 만개했었다. 세상사 화무십일홍花無十日紅이라지만 산업의 꽃마저 지는 세월이었다. 할 일 없는 크레인과 일자리를 잃은 노동자들이 지는 꽃처럼 무기력하게 보였다.

꽃바위가 이곳이라고 알려준 그는 선박회사에서 이십오 년간 일했다고 했다. 오십 대 초반쯤으로 보이니 아마도 명예퇴직을 한 것 같았다. 아직 고3인 자녀가 있다며 쓸쓸하게 웃었다. 지금은 퀵 서비스 일을 한다는데 일거리가 별로 없어 이곳에 바람을 쐬러 나왔다고 했다.

먼 하늘에서 먹구름이 몰려들더니 금세 사위가 캄캄해졌다. 은빛으로 눈부시던 바다도 그새 낯빛을 바꾸었다. 비라도 쏟아질 기세였다. 그가 버스 정류장까지 태워 주겠다며 오토바이에 올랐다. 꽃바위 정류장에 내려주고 휑하니 사라져 간 그의 뒷모습이 눈에 자꾸 밟혔다. 또다시 산업의 꽃이 활짝 필 수 있도록 꽃바위가 마법이라도 부려주면 얼마나 좋을까. 천 년 동안 안전하게 지켜줄 꽃바위 등대도 있는데. 버스를 기다리며 생각했다. 지금은 하늘이 갤 때를, 비가 그치기를 기다리는 시간이라고.

해송의 녹색바람에 날마다 몸 헹구며 불 밝히는 곳

울산

—

울기등대

일기예보와는 달리 날씨가 따스하다. 정류장에 가자마자 방어진 행 버스가 내 앞에 선다. 버스 길로 한 시간은 족히 걸리는 거리인데 자리까지 잡았다. 작은 행운에 기분이 좋아진다. 울산이란 곳이 생각보다 넓어서 남서쪽에 살고 있는 내가 동쪽으로 갈라치면 부산을 가는 것보다 먼 거리다. 겨울 볕이 따사로운 창밖으로 도심의 풍경이 여러 얼굴을 보이며 지나가고 헤아릴 수도 없는 정류장을 거쳐 종점에 닿는다.

대왕암 종점에서 내린 사람은 나와 여행객 차림의 청년이 전부다. 청년은 초행길인 듯 방향을 잡지 못하고 두리번거린다. 여러 번 온 곳이지만 나 또한 헷갈린다. 길치인 내게 길을 물어 올까 봐 조마조마한데 다행히 내 앞을 스쳐 지나간다. 나는 입구를 찾지 못해 그저 길 따라 걷는다. 정오를 넘긴 햇살은 바다에 반짝반짝 입 맞추고 소나무 이파리마다 내려앉아 소곤대고 있다.

점점 엉뚱한 길로 가고 있는 것 같아 확인하고 싶으나 물어볼 사람이 보이지 않는다. 걷다 보니 눈앞에 캠핑장이 보인다. 12월 초순의 바다 캠핑장은 여름을 기다리며 휴식 중이다. 관리인에게 등댓길을 물어보니 제법 많이 지나쳐 온 것 같다. 방어진은 내가 사는 곳과 멀리 떨어진 곳이긴 하나, 같은 지역 안이라는 것 때문인지 잘못 든 길에도 조바심이 나지 않는다. 느긋하게 풍경을 감상하며 길을 고쳐 걷는다. 낯선 곳이라면 가질 수 없는 여유와 편안함은 심리적 안정 때문일 것이다. 방어진은 바람이 많아 계절에 상관없이 올 때마다 추웠는데 오늘은 바람이 잠잠하고 하늘과 바다는 더없이 맑다.

길은 서로 통하는 법, 낯익은 길이 나온다. 모든 생각은 길을 걷는 발끝에서부터 비롯된다고 한다. 혼자 걷는 고요한 길, 눈 한번 슬쩍 돌리면 바다가 보이는 길, 고개 들면 해송이 쭉쭉 뻗어 있는 길에서 사람들과의 관계에 대해 생각한다. 인간사 영원한 적도, 영원한 동지도 없다는 말, 진리다. 어쩔 수 없이 부대끼며 살아가야 한다면 생각을 바꿀 필요가 있다. 그것이 쉽지 않아서 문제일 뿐이다. 생각에 잠겨 걷다 보니 목적지가 눈앞에 있다.

모든 등대는 국토의 해안 최전방에 서 있다. 울산 방어진에 있는 울기등대도 예외는 아니다. 송림 사이로 등대가 보인다. 눈부신 백색 등대 두 기가 눈에 든다. 구 등대와 신 등대다. 태백산맥이 마지막으로 뻗어내려 그 끝머리가 깊숙이 방어진 반도에 꼬리를 감춘 곳, 기기묘묘한 바위들이 해안의 절경을 이루고 있어 '제2의 해금강'이라 불리는 곳에 울기등대가 있다.

울산의 끝 울기蔚埼에 등대가 건립된 것은 1906년 3월, 높이 6m의 백색 팔각형 등탑이 세워졌다. 조선 시대 말을 기르던 목장이었던 이곳에 러일전쟁 이후 해군이 주둔하면서 만 오천 그루의 소나무를 심어 해송림이 조성되었다. 그 후 등대 주변의 소나무들이 자라 등댓불이 보이지 않게 되자. 1987년 12월 기존 위치에서 50m 정도 떨어진 곳에 지금의 신 등대가 지어졌다. 신 등대는 늘씬한 촛대 모양의 아름다운 자태를 지녔다.

울기등대는 대왕암공원 내에 있으며 등대로 가는 길섶에는 타래붓꽃, 수선화, 해당화, 해국 등 각종 야생화가 찾는 이를 반긴다. 또한 해마다 봄이 되면 왕벚나무가 터널을 이루어 꽃이 만개하면 그 모습이 장관을 이룬다. 등대를 지나 바다 가까이 가면 문무대왕의 호국영령이 서린 듯 불그스름한 기운을 띤 대왕암이 있다. 청잣빛 하늘과 코발트 빛 바다 위로 석화石花가 핀 듯 절경을 자아낸다.

울기蔚埼등대는 그 명칭이 일제 잔재라는 의견이 대두되어 2006년 100주년을 맞아 지역주민의 의견을 수렴하여 울기蔚氣로 변경되었다. 울산의 기운이 서려 있는 이곳은 계절마다 조금씩 다른 모습을 보여주지만 늘 푸른 소나무가 사계절 내내 늠름한 자태를 보여준다. 바다와 대왕암과 어우러진 해송을 보는 즐거움이 무엇보다 크다. 해송은 동해 바람을 온몸으로 껴안고 소금기 걸러낸 유순한 녹색 바람을 만들어 낸다. 등대는 날마다 해송의 녹색 바람으로 몸을 헹구고 밤마다 불을 밝혀 동해안을 지나는 배들의 길잡이가 되고 있다.

백 년 넘은 구 등대 근처에 눈에 띄는 조형물이 있다. 헤

HEALTH GATE

밍웨이의 소설 '노인과 바다'에 나오는 산티아고가 바다를 등 뒤에 두고 벤치에 앉아 있고, 벤치 옆에 커다란 물고기는 꼬리를 딛고 서 있다. 뭔가 들고 있었던 것 같은 산티아고 손이 비어있다. 커피를 마시며 산티아고에게 말을 건다. '당신에게 인생이란 뭔가요? 그 혹독한 시련을 겪고도 살 만하다 하실 건가요? 친구 마놀린이 있어 괜찮았다고요? 네, 그럴지도 모르겠습니다. 평생 진정으로 나를 위로해 주는 친구가 한 사람이라도 곁에 있다면 말이죠. 부디 이곳에서 평안하시기를!'

탁 트인 바다는 바라보기만 해도 속이 시원하다. 누군가에게는 삶의 터전이기도 하지만 태풍에 바다가 뒤집어질 때면 나약한 인간을 송두리째 집어 삼켜버린다. 그런 변화무쌍한 바다의 경계에 서 있는 등대는 거친 바다를 건너는 사람들에게 변함없이 든든한 친구 같은 존재이다. 산티아고에게 삶의 용기를 주는 마놀린처럼 말이다.

구 등대에서 신 등대를 바라보니 날렵하게 뻗어 올라간 촛대 모습이 포항 호미곶등대와 닮아 있다. 구 등대가 백 년이 넘었고 신 등대는 서른을 넘겼다. 할머니와 손자 같다. 구와 신이 공존하는 자리가 어디 이곳뿐일까. 각도에 따라 멋진 구도를 만들어 조화를 이루기도 하고 균형이 깨져 불균형을 만들기도 하는데 실은 보는 사람의 관점에 따라 달라지는 것일 뿐, 신과 구의 갈등을 해소하려면 있는 그대로를 인정하고 접점을 찾아내는 것이 가장 합리적인 것이 아닐까.

대왕암으로 발길을 옮긴다. 해송의 호위를 받으며 걸어가는 길, 예전보다 소나무가 많이 줄었다. 이곳도 재선충을 피해 가지는 못했을 테다. 그럼에도 참으로 아름다운 산책로다. 바다가 보이고 붉은 기운이 서린 대왕암이 모습을 드러낸다. 대왕암의 전설을 잠시 소개한다.

신라 제 30대 문무왕은 평소 지의 법사에게 말하길 "나는 죽은 후에 호국대룡이 되어 불법佛法을 숭상하고 나라를 수호하려고 한다."라고 이야기하였다. 그가 재위 21년 만에 승하하자 유언에 따라 동해구의 대왕석에 장사 지내니 용으로 승화하여 동해를 지키게 되었다. 이렇게 장사 지낸 문무왕의 해중릉은 경주시 양북면에 있으며 대왕 바위라 불린다.

대왕 승하 후, 왕비도 세상을 떠난 뒤에 용이 되었다고 한다. 문무왕은 생전에 삼국통일의 위업을 달성하였고, 죽어서도 호국의 대룡이 되어 그의 넋은 쉬지 않고 바다를 지키거늘 왕비 또한 무심할 수 없었다. 왕비의 넋도 한 마리의 호국룡이 되어 하늘을 날아 울산을 향하여 동해의 한대암 밑으로 용신이 되었다.

그 뒤 사람들은 그 대암을 대왕바위(대왕암)라 하였으며 용이 잠겨 있는 바위 밑에는 해초가 자라지 않는다고 전해진다.

해양공원으로 잘 꾸며진 이곳에서 바다를 보는 일은 유난히 행복하고 마음 든든하다. 수평선 너머까지 가지 않아도 파랑새를 만날 수 있을 것 같고, 뱃길을 환하게 열어주는 등대가 있으며 액운을 막아 나라의 안위를 지켜주는 대왕암이 있기 때문이다.

겨울 바다에 서서 심호흡하며 해송이 만들어내는 녹색 바람을 마신다. 되짚어 돌아가는 길, 몸매 날렵한 젊은 등대는 울산의 기를 뿜으며 짙푸른 바다를 굽어보고 있다.

오얏꽃 문양과 균형 잡힌 조형미가 돋보이다

포항

—

호미곶등대

같은 장소라도 갈 때마다 느낌이 새롭다. 계절마다 다르고 누구와 함께인가에 따라 달라진다. 그러니 어찌 한 번 가보고 다 보았다 할 수 있으랴. 설사 여러 번 가 보았다고 해도 그것은 여행자의 시선에 불과하다. 여행지에 대한 역사적 배경까지 두루 알고 간다면 더 풍성한 여정이 될 것이다.

포항 호미곶으로 가고 있다. 지난해부터 서너 차례 갔던 곳이다. 엄동의 맵찬 바람 맛도 보았고 꽃샘추위에 떨기도 했었다. 파란 하늘에 흰 구름 현란하게 떠다니던 여름을 지나 꽃이 피기 시작한 봄, 다시 이곳을 찾는다.

울산 포항 간 고속도로가 개통된 뒤, 길은 많이 가까워졌으나 해안 길을 따라 바다를 바라보던 운치는 사라졌다. 효율성을 따지는 이들에겐 길의 분위기 같은 건 별로 중요하지 않다. 물론 국도를 따라가면 되겠지만 시간을 들여야 한다. 이번에는 천천히 가며 낭만을 즐길 줄 아는 길동무와 함께이다.

전달이 잘못되어 오롯이 해안 길로 가지 못했지만 봄 바다를 곁에 두고 달리는 기분은 뭐랄까? 텁텁한 입안에 들어온 오렌지 한 조각처럼 상큼한 느낌이다. 해안 마을의 나직하게 엎드린 집 앞으로 파도가 들락거린다. 구룡포를 지나 조금만 더 달리면 호미곶이다.

길동무는 주차할 곳을 찾느라 천천히 차를 움직이는데 그 옆으로 박물관이 지나고 등대도 지나간다. 적당한 곳에 차를 세우고 내리니 바람이 제법 차다. 그럼에도 바다를 보러 온 사람들이 꽤 많다. 푸르디푸른 봄 바다는 싱싱하고 활기차서 고래 한 마리 튀어 오를 것만 같다. 바다를 향해 서 있는 백색 눈부신 등대를 바라보며 그곳으로 발길을 옮긴다.

처음 보았을 때 크게 느끼지 못했던 것들이 눈에 들기 시작한다. 조형미와 균형미를 고루 갖춘 호미곶등대의 아름다움에 취해 본다. 오랜 세월 바닷길을 지켜온 등대지만 연륜이 무색하도록 나이 든 티가 나지 않는다. 그사이 유지보수를 잘한 것도 있겠지만 무엇보다 등대의 꼿꼿한 자존이 지금의 모습을 보여주는 것이리라.

일찍이 육당 최남선 선생은 호미곶 해 뜨는 광경은 '조선십 경'의 하나라고 극찬하였는데 그 아름다운 전경을 가진 곳에 바로 등대가 있다. 한반도 동쪽 땅끝에 위치하고 있으며 첫 불을 밝힌 날은 1908년 12월 20일이다. 등대의 높이는 26.4m이며 둘레는 하부 24m, 상부 17m이다. 광력光力은 1,000촉으로 16마일 해상 밖까지 등불이 보이고 2마일 해상 밖까지 들리는 안개신호기가 설치되어 있다. 바다에서 1마일은 1,852m이다.

호미곶등대의 등탑은 철근을 사용하지 않고 붉은 벽돌만으로 쌓은 것이 특징이며 팔각형으로 18세기 중반 르네상스식 건축물이다. 출입문에 문양을 장식하고 창문의 위치를 각층마다 다르게 하여 통풍이 잘되게 하였으며 비를 막을 수 있도록 하였다. 또한 각 층의 천장에는 대한제국 황실을 상징하는 오얏꽃 문양이 조각되어 있고 철제 주물로 108단의 계단을 만들었다. 비록 우리 기술로 만들어진 등대는 아니나 내부의 섬세한 설계와 외부의 균형 잡힌 조형미는 지금 봐도 훌륭한 건축물임을 인정하지 않을 수 없다. 하지만 등대 건립에 아픈 사연이 있다.

1901년 청일전쟁에서 승리한 일본이 조선에서 러시아 세력을 몰아내기 위해 러일전쟁을 준비하던 중 일본의 수산실업전문학교 실습선이 우리나라 연안의 해류, 어군의 이동상황, 수심 등을 조사하기 위해 대보리 앞바다를 지나다가 암초에 부딪쳐 전원이 익사하는 사고가 발생했다. 일본은 이 사건의 책임을 우리나라에 전가하고 손해배상을 요구하며 생트집하였다. 이에 조정에서는 1902년 1월 우리 돈으로 일본인에게 등대시설을 청부시켜 1903년 12월 준공하였다.

호미곶에는 등대뿐만 아니라 '국립등대박물관'이 자리한다. 등대의 역사적, 문화적 가치와 해양안전에 기여하는 역할과 중요성을 국민에게 알리고 해양의 중요성에 대해 청소년들이 학습할 수 있는 장소로 이용되고 있다. 항로표지의 발달사와 해양교통 환경 연구기능 등 시대의 변천으로 단절되어 가고 있는 항로표지 역사기록 보존기능 등을 수행하고 있다.

박물관 앞에 유채꽃이 한창이다. 붉은 등탑 조형물과 노란 유채가 조화롭다. 아직 바람에 찬 기운이 배여 있지만, 봄빛이 완연하다. 박물관 마당에는 우리나라 유인등대 모형들이 설치돼 있어 눈길을 끈다. 나라의 동쪽 끝을 지키는 독

도등대와 제주도의 우도등대, 서해 끝단에 있는 격렬비열도 등대 등 일반인들이 쉽게 접할 수 없는 등대들이 자리하고 있는데 내가 가본 곳과 가보지 못한 곳을 헤아리며 보는 재미가 쏠쏠하다. 호미곶에서 등대를 보고 박물관을 둘러보면서 나는 포항에 대해 얼마나 알고 있을까 곰곰 생각해 보지만, 아는 게 별로 없다. 포항제철, 귀신 잡는 해병, 연오랑 세오녀 전설 등이 고작이다.

포항浦項은 순우리말로 '갯목'이라는 뜻이며 포항의 역사라면 곧 영일의 역사를 말한다. 서울에서 멀리 떨어진 곳이

라 고려 시대 이후로 남해 고도와 더불어 유배지로 대표적인 곳이었다. 이곳을 지나간 대표적인 인물로는 다산 정약용과 추사 김정희 등을 들 수 있는데 다산의 유배지라면 일반적으로 전남 강진을 생각하지만, 그가 1801년 신유사옥 이후 최초로 이곳 영일 장기현으로 유배 왔다가 황사영 백서사건으로 다시 강진으로 재차 배소를 옮기게 된다. 장대한 다산 역작의 실마리는 이곳에서 비롯된 것이 아닐까 싶은 것이다. 장기곶(호미곶의 옛 이름)에서 또 하나 기억해야 할 인물은 고산자 김정호이다. 대동여지도를 만든 김정호는 죽변곶과 장기곶 중에서 어느 것이 동해로 더 튀어나왔는지 측량하려고 이 두 곳을 일곱 번이나 왕복하였다고 한다. 서양의 지도제작법이 전해지기 이전에 조국 산천을 수없이 답사하여 얻은 경험의 산물인 이 지도가 우리의 위대한 유산임을 잊어서는 안 될 일이다.

지금 바다는 겨울옷을 벗고 자연의 순리대로 봄 기지개를 켜는 중이다. 등대는 장기, 대보, 호미곶으로 이름이 바뀌었다. 호미곶등대는 세월 속에 사라져 가는 아린 사연일랑 가슴에 묻고 아무 일 없었던 듯 살아간다. 그리하여 바다의 배뿐만 아니라, 생의 바다를 헤치며 파고를 넘는 사람들에게 삶은 견디는 것이라고 일러주고 있다.

묵언 수행에 들다

울릉도

—

태하등대

독도에서 울릉도로 나오니 점심시간이다. 소기의 목적을 이뤘다고는 하나, 독도등대를 바라만 보고 와서인지 아쉬운 마음 지울 길 없다. 그녀와 식당에서 밥을 먹으며 울릉도 태하등대를 찾아보니 버스로 충분히 다녀올 수 있는 곳이다. 저동에서 오후 두 시 버스를 타고 도동에서 환승하여 태하리까지 가면 된다.

어제 오후에 울릉도 버스 관광을 했던지라 가는 길이 익숙하다. 언제부터 개통된다는 일주도로는 아직 공사 중이라 한다. 도동에서 태하리까지 한 시간쯤 걸리며 등대까지 걸어서 사십 분 걸린단다. 버스는 예상

했던 시간에 맞춰 내려준다. 사람이 일부러 찾지 않은 곳이라 그런지 인적이 드물다. 등대로 오르는 산 입구에 모노레일이 설치돼 있었지만 점검 중이라는 안내판이 보인다. 날씨는 오전보다 더 화창하다.

가파른 산길을 오르며 내려다본 울릉도 서쪽 바다는 유월의 햇빛을 담뿍 받고 진청색으로 일렁거린다. 신록이 짙어가는 산길, 이곳도 여느 등댓길과 마찬가지로 고즈넉하다. 쉬엄쉬엄 왔던 길을 돌아보며 걷는 길, 맑은 햇살과 시원한 바람, 풀냄새 향긋한 길을 걸으며 행복한 기분을 만끽한다.

이 순간, 내 인생 이만하면 되었다 싶은 생각이 든다. 등대로 향하는 길은 이렇듯 좋은 기운으로 충만한 마음이 되게 한다.

등대 입구에 도착했다. 사무동을 지나니 등대가 보인다. 등대는 빨간 벽돌 사무동을 뒤에 두고 바다를 향해 서 있다. 울릉도 서쪽 끝단에 향나무 군락지인 대풍감待風坎에 세워진 등대는 1958년 4월 11일에 첫 불을 밝혔다. 나와 연대가 같은 등대를 만나니 신기하고 더욱 반갑다. 등대는 대화퇴어장과 동해안을 항해하는 선박의 안전한 길잡이를 하고 있다. 등대는 태하의 웅장함과 엄숙함을 느끼게 한다. 지금은 울릉도등대로 이름이 바뀌었다.

독도에 있을 때보다 날씨는 한결 맑고 푸르다. 등대 주변으로 울릉도를 대표하는 오징어 모양의 조형물이 있고, 그 앞으로 정자가 있다. 그곳에서 가파른 절벽 아래를 보니 수려한 풍경에 입이 다물어지지 않는다. 해벽 한 귀퉁이 떼어다 액자에 끼우면 바로 명화 한 폭이 될 것 같다. 그녀는 그녀대로 나는 나대로 한 자리씩 차지하고 앉아 생각에 잠긴다. 나는 누구이며 지금 어디를 향해 가고 있는 것일까? 스스로에게 질문 하나 던져 놓고 묵언 수행에 든다. 시간 여행자란 이런 것인가. 두고 온 바깥세상과 단절된 이 고요한 시

공간을 오롯이 즐기며 시간을 보낸다.

사무실에 노크를 하자, 젊은 직원이 머뭇거리며 문을 연다. 불쑥 찾아온 낯선 객이 불편한 것 같아 가져간 책만 내밀고 곧바로 나온다. 날씨가 좋으니 기분 또한 경쾌하다. 산길에 드리워진 그늘 사이로 비춰드는 햇빛 조각을 밟으며 내려가는데 머리 희끗한 아저씨 한 분이 배낭을 메고 커다

란 스티로폼 상자를 어깨에 짊어지고 올라오고 있다. 좁은 산길을 교행하며 가볍게 목례를 한다. 온화한 인상을 풍기는 아저씨가 등대 다녀가는 길이냐고 묻는다.

직감적으로 등대장이라는 생각이 들어 물었더니 짐작대로다. 포항에 있는 집에 갔다가 근무하러 들어오는 길이라며 다시 등대로 가자고 한다. 지고 가는 짐에는 한 달 먹을 밑반찬과 부식이 들어 있다는데 짐 챙겨 넣기도 바쁠 것 같아 그냥 내려가겠다고 해놓고 우리는 산길에서 한참 이야기를 나눴다. 울릉도에서 이렇게 좋은 날은 일 년에 몇 날 되지 않는다며 평소 덕을 많이 쌓았냐며 웃는다.

이야기를 하다 보니 우리 만남은 우연이 아니다. 등대 순례를 시작하면서 포항 호미곶에 있는 등대박물관을 찾은 적이 있다. 거기서 해설사 한 분을 만났는데 다음에 독도에 갈 때 무엇을 준비해 가면 좋겠냐고 물은 적이 있다. 이를테면 위문품 같은 거였다. 가지고 갈 수만 있다면 과일 같은 게 좋다고 했다. 가까운 사람이 등대에서 근무한다고 했다. 산길에서 만난 사람이 바로 그분이었다. 등대와 함께 평생을 살아가는 부부였다.

스쳐 지나간 인연이라도 언제 어디서 무엇이 되어 다시 만날지 아무도 알 수 없는 일, 잘 살아야 하는 이유일지도 모른다. 우연한 만남을 뒤로하고 등대장이 알려준 새로운 길을 잡아 산길을 내려간다. 갈래 길 앞에서 잠시 머뭇대다 보이는 인가에 길을 물었다. 생각했던 길로 갔더라면 낭패를 볼 뻔했다. 감사 인사를 하고 돌아서는데 "나물은 샀능교?" 한다. 짐 늘어나는 게 싫어 얼결에 "예" 대답을 하고 내려가다 다시 돌아섰다.

나보다 딱 열 살이 많은 아주머니는 구릿빛 얼굴에 건강한 모습인데 평생 화장 한번 한 적 없다고 한다. 산 중턱에서 산나물 농사를 지으며 산다는 아주머니에게 말린 취나물과 부지깽이를 사고 잠시 이야기를 나눈다. 섬에 살아도 젊을 때는 외로운 줄 몰랐는데 이제는 외롭다고, 비가 조금만 와도 마을로 내려갈 수 없다며 쓸쓸한 낯빛을 보인다. 섬에 겨울이 오면 육지에 사는 자식네로 가서 겨울을 난다고 했다.

집 앞에 산딸기가 많이 열려 있다며 마음껏 따가라고 한다. 신이 난 그녀와 나는 비닐봉지를 들고 산딸기를 따는데 마음은 바쁘고 손이 따라 주지 않는 것을 보고 아주머니가 쯧쯧 혀를 차며 순식간에 한 봉지씩 안겨 준다. 길에 있다고 아무나 따가라고 하지 않는다면서.

길 위에서는 이렇듯 생각지도 못한 인연과 마주치기도 한다. 초여름, 늦은 오후의 누긋한 햇살처럼 마음이 따사로워진다. 태하리에서 마지막 버스를 기다리며 잘 익어 달콤한 산딸기를 먹었다. 울릉도에 온 지 이틀째, 내일이면 돌아간다.

울릉도에서 휴대전화기를 물에 빠트리고 말았다. 일정을 다 끝낸 뒤였지만 휴대전화기에 담긴 이곳의 추억은 고스란히 수장水漿되고 말았다. 호사다마好事多魔였다.

다시 독도에 서다

독도

—

독도등대

멀리 동도와 서도가 보이기 시작한다. '한빛호'가 독도에 닿은 시간은 오후 네 시경, 묵호항을 떠난 지 열한 시간 만이다. 바닷길이 얌전하여 순조로운 항해가 이루어지고 시간도 조금 당겨졌다. 구름 한 점 없이 청명한 하늘과 잔잔한 바다에 감사할 따름이다.

'한빛호'는 해양수산부의 항로표지측정선이다. 항로표지는 등대를 뜻하며 이 배는 정기적으로 등대의 불빛과 시설을 점검하는 업무선이다. 직원들이 승선하여 한번 출항하면 한 달이 넘는 기간 동안 업무를 수행한다. 업무선인 배에 오를 수 있었던 것은 '영토 사랑 독도 탐방 실천행사'에 운 좋게 선정이 되어서다. 처음에는 포항에서 타기로 되어 있었으나 일기가 불순하여 묵호까지 오게 되었다. 몇 번씩 변경되는 것을 보며 마음 졸였지만, 다행히 출발하게 되었다.

전날 늦은 오후에 묵호항에서 배를 탔다. 바다에서 지는 해를 보며 등댓불을 보았다. 묵호등대의 불빛, 배 위에서 등댓불을 바라보기는 처음이었다. 항구를 밝히는 것이 등댓불만은 아닌데 유난히 빛나는 것은 역시 등대뿐이다. 등대의

빛은 멀리 나갈수록 확연하게 구별되었다. '한빛호'는 등댓불이 정해진 신호에 맞게 작동하는지 점검 후 바다에 정박한 채 하룻밤을 보냈다.

독도 방문은 두 번째다. 지난해 유월, 어렵게 독도에 발을 디뎠으나 계류장에서 고작 삼십 분 머물다 돌아왔기에 못내 아쉬웠다. 일반인들은 별도 허가를 받지 않으면 등대까지 오를 수 없다. 이번에 그런 기회가 주어진 것이다. 독도는 변함없이 굳건하고 완강한 모습이다. 배에서 내려 독도를 밟는 순간, 발바닥에서부터 뜨거운 그 무엇이 올라오기 시작한다. 지난해도 그랬다. 독도가 가까워지면서 함께 배를 탄 사람들이 내남없이 '홀로 아리랑'을 불렀고 태극기를 꺼내 들었다. 독도는 우리에게 그런 존재이다.

575톤급의 '한빛호'는 길이가 53m 폭은 11m로 삼층 구조로 되어있다. 이층의 숙소는 좁은 복도를 마주 보고 있다. 그중 한 방이 우리에게 주어졌다. 이박삼일 지낼 바다 위의 방이다. 작은 방 안에는 나무로 된 이층 침상이 있고 책상과 의자, 작은 냉장고와 이 인용 소파가 있다. 물결 따라 움직이는 방이라 문을 여닫는 것도 사뭇 다르다. 바퀴가 달린 것은 자석이 부착되어 있다. 복도에는 난간 손잡이가 연결되어 배가 흔들릴 때 붙잡고 다닐 수 있다.

뱃멀미를 하는 나는 전날 바다에 떠 있는 동안 약 먹을 시간을 놓쳤다. 천만다행으로 별 탈 없이 잠이 들었다. 이 배를 타기까지 긴장과 곡절이 숙면을 취하게 했던 것 같다. 배에서 일박은 무탈하게 지나갔다. 바다 위에 퍼지는 동살을 보며 배는 독도로 향했다.

일층에 있는 식당에서 아침을 먹는데 배가 흔들려 밥이 어디로 들어가는지 정신이 하나도 없다. 배에서 만들어진 한 끼 식사는 무척 소박했지만 감사한 마음이 절로 든다. 밑

반찬을 준비해 오면 좋다고 한 말이 무슨 뜻이었는지 알 것 같다. 배 안에서의 생활이 얼마나 고단한 것인지 조금씩 피부에 와 닿는다.

배는 울릉도를 지나고 있다. 출항한 지 일곱 시간이 지난 시간이다. 울릉도를 벗어나자 다시 망망대해, 오후 햇살이 갑판 위로 따갑게 쏟아진다. 파도도 일지 않는 바닷길에 수평선만이 선명하다. 맑고 고요한 바다를 보며 내게 주어진

이 특별한 시간에 대해 생각한다. 뭔가에 도전하고 새로운 일을 벌이기에는 적지 않은 나이에 나는 지금 먼 바다를 향해 나아가고 있다. 새로운 세상을 향하는 곳에는 어떤 식으로든 길이 있다. 바다에도 길이 있고 그 길 따라 생각과 마음이 가고 있다. 마음의 길을 따라 나는, 언제 사나운 얼굴이 될지 모르는 바닷길을 건너는 중이다.

고요한 바다 위로 '한빛호'는 평화로이 순항 중이지만, 내 속에서는 풍랑이 일기 시작한다. 울렁거리는 속을 진정시키려 애써 보지만 소용이 없다. 빨리 내릴 수 있으면 좋겠다는 생각뿐! 조금만 참자. 조금만!

멀미로 정신이 혼미한 와중에도 의식을 준비하듯이 옷을 갈아입고 태극기가 그려진 손수건을 목에 두른다. 동도와 서도가 가까워진다. 진청색 바다 위로 독도가 눈이 부시게 그러나 완강한 모습으로 서 있다. 누군가에게 항변이라도 하듯이.

배 안의 사람들이 "독도다!"를 외치며 갑판으로 뛰쳐나간다. 독도의 모습을 담느라 휴대전화 카메라는 쉴 새 없이 찰칵거린다. 감격스럽다. 직원들도 대부분 처음 와 본다는 곳! 그만큼 독도에 들기란 쉽지 않은 일이다. 두 번이나 이 땅을 밟을 수 있는 행운에 감사하다.

등대로 오르는 가파른 길에는 천연기념물 괭이갈매기가 눈을 부릅뜨고 낯선 이를 감시하듯 바라본다. 사람을 전혀 무서워하지 않는다. 독도경비대뿐 아니라 독도를 지키는 파수꾼으로 괭이갈매기 또한 한 몫을 단단히 하고 있다. 눈에는 아이라인을 그려 넣은 것처럼 선명한 선이 있고 부리는 립스틱을 바른 듯 화려한 자태를 가진 괭이갈매기다. 독도와 거제 홍도에서만 서식한다고 알려져 있다.

늦은 오후 햇살을 받으며 두근거리는 가슴을 안고 계단을 오른다. 경사진 암벽에 '한국령'이라는 한자가 새겨져 있다. 가슴 뭉클하다. 독도등대 앞에 서 있다는 사실이 실감 나지 않는다. 등대 안 나선형 계단을 올라 밤이면 불을 밝히는 등탑까지 올랐다. 그곳에서 바다를 내려다보니 무어라 형언할 수 없는 먹먹한 감정에 사로잡힌다. 숱한 곡절을 품고 있는 곳, 아직도 분쟁을 겪고 있는 곳이다. 반드시 지켜내야 할 우리 땅 독도, 우리나라 동쪽 끝을 지키는 독도등대는 항로표지의 역할뿐 아니라 그 상징성 또한 매우 크다 할 수 있다.

헬기장 앞에서 등대를 배경으로 기념촬영을 한다. 이번에는 시간이 넉넉할 줄 알았는데 서둘러 내려가야 한단다. 우리 배가 빠져야 다른 배가 들어올 수 있기 때문이다. 어렵사리 온 곳이라 발길이 떨어지지 않는다. 되돌아 내려가는 길, 파란 하늘 아래 하얀 등대가 있다. 괭이갈매기의 화려한 군무와 눈 아래로 동해의 푸른 물결이 출렁댄다.

숨 돌릴 틈 없이 내려오니 계류장이다. 서둘러 배에 올라 독도 근해로 나간다. '한빛호'는 독도가 보이는 바다에서 하룻밤을 지낼 것이다. 묵호항에서 그랬던 것처럼 등대 시설을 점검해야 하기 때문이다. 배에 오른 지 두어 시간이 지나자 독도 앞바다에 해가 지기 시작한다. 하늘과 바다는 시시각각 오묘한 빛으로 물들어간다.

바다는 세상에서 가장 큰 그릇이다. 모든 것을 받아들여 앉힐 것은 가라앉히고 우뚝 세울 것은 세운다. 그 너른 품 안에서 배들은 삶의 풍요를 위해 거친 파도를 헤치며 나아간다. 그 길을 비춰주는 등대를 의지하면서…….

독도 앞바다에서 두 번째 밤을 맞는다. 바다가 심상치 않다. 좌우로 흔들리는 배 안, 파도에 몸을 맡기듯 같이 흔들릴 뿐이다. 삶의 순리다.

설악을 앞에 두고 거문고 소리를 듣다

속초

—

속초등대

채워가는 기쁨

수년 만에 속초에 왔다. 먼 길이었지만 등대를 만나겠다는 마음 하나로 여기까지 왔고, 등대 여권에 그려진 지도를 하나씩 완성시켜가고 있다. '아무것도 하지 않으면 아무 일도 일어나지 않는다.'[1] 무언가를 향해 나아간다는 것은 자신의 삶을 주체적으로 꾸려 간다는 뜻이다. 그 과정에서 부가되고 파생되는 일들이 세상을 바라보는 관점을 바꾸기도 하고 색다른 의미를 부여하기도 한다.

뜻이 있는 곳에 길이 있다지 않던가! 등대를 찾아가겠다고 마음먹고도 내심 갈등이 많았다. 과연 갈 수

*1)
기시미 이치로의 책 제목 인용

있을까? 여건이 녹록지 않은 까닭에 여러 날을 고민했었다. 하지만 나는 길을 나섰다. 혼자 길을 떠난다고 결코 혼자가 아니라는 것을 알아가고 있다. 이 길 위에서 나를 비춰주는 고마운 등대들과 함께 가는 중이다.

속초등대, 함께여서 외롭지 않아

이른 더위가 찾아온 오월 하순, 속초등대를 가기 위해 동해 행 버스에 올랐다. 동해까지만 가면 동행해 줄 지인 부부가 기다리고 있기 때문이다. 뱃길로 가는 등대를 몇 차례 다녀서인지 이제 육로로 가는 길은 세상 어디라도 갈 수 있을 것 같다. 다섯 시간 가까이 버스를 탔지만 별로 힘들지 않다. 동해에서 다시 두어 시간 달려 속초에 닿았다.

속초등대는 여느 등대와 달리 외따로 있지 않다. 삶의 현장 가까이 있어 사람들 속에서 함께 살고 있다. 등대 바로 아래까지 횟집이 즐비하고 아파트도 보인다. 계단만 오르면 곧장 등대를 만날 수 있다는 것이 신기할 따름이다. 그동안 다닌 등대들은 적어도 삼십 분 이상 걸어야 만날 수 있었다. 사람들과 더불어 사는 속초등대를 만나러 발길을 옮긴다.

계단을 오르기 전, 고개를 한껏 젖혀 올려다보니 등탑만 보인다. 가파른 철제 계단을 헉헉대며 올라가다 잠시 숨을 고른다. 뒤돌아보니 바다가 시원스레 펼쳐지고 바위에 부딪히는 파도 소리가 악기를 연주하듯 리듬감 있게 들린다. 비로소 장거리 버스 여행의 피로가 몰려든다. 그것도 잠시, 싱그러운 바람이 지친 몸을 다독여주고 파도의 철썩임이 기운을 북돋아 준다.

남은 계단을 오르자 눈앞에 듬직한 몸통의 등대가 위용을 드러낸다. 가까이 갈수록 등대는 압도적인 모습이다. 등대 일층에 항로표지관리소가 있고 그 앞에 동해를 배경으로 세워진 갈매기 조형물이 있다. 주변 분위기와 썩 잘 어울린다 싶으면서도 날개를 펼친 채 날지 못하는 갈매기가 왠지 애처로워 보인다.

속초등대는 우리나라 등대 중 유일하게 60년 넘은 기계식 등명기를 사용하고 있다고 한다. 1957년 6월 8일 생이니, 그간 만난 등대 중 젊은 등대에 속한다. 등대의 높이는 28m인데 지대가 높아서인지 훨씬 더 높고 우람해 보인다. 가까이서 등대를 살펴보니 사무동이 따로 있는 것이 아니라 등대 일층에 자리하고 이층에는 유리창으로 둘러진 전시 공간이다. 삼층에는 난간만 있는 전망대가 있는데 둘레가 넓은 가운데에 등탑이 솟아 있다. 등탑의 높이가 여느 등대보다 높아서 멀리서 보면 듬직한 촛대에 꽂힌 초를 연상시킨다.

속초시 영금정로에 위치한 속초등대는 '영금정 속초등대 전망대'라고 많이 알려져 있다. 등대 밑의 바닷가에 크고 넓적한 바위들이 깔린 곳을 영금정이라 일컫는데 파도가 쳐서 부딪치면 신묘한 소리가 나고 그 소리가 거문고 소리와 같다고 하여 붙여진 이름이다. 주변 '영금정 해맞이 정자'에서 보는 일출과 등대전망대에서 보는 설악산 경관, 그리고 해안선을 따라 멀리 금강산 자락까지 조망할 수 있는 자연경관이 등대와 조화를 이루어 잘 어우러지는 곳이다.

전망대에 올라 동해의 경치를 바라본다. 오른쪽으로는 동해가, 왼쪽으로는 설악산이 보인다. 설악의 모습을 이렇게

바라보기는 처음이다. 거리를 두고 바라보는 것은 숲을 보듯 전체가 보이고, 가까이 있으면 나무 하나하나의 생김이나 이파리까지 볼 수 있다. 전망대에서 동해의 먼 바다를 보고 저 멀리 산을 보니 우리의 삶도 때로는 가까이서 때로는 멀리서 바라볼 수 있어야 하지 않을까 싶다. 그래야 아집에 사로잡히지 않고 상대를 배려하는 마음이 생길 텐데, 자기 자신을 객관적으로 바라보기가 어디 쉬운 일인가.

길 위의 등대들

동행한 부부는 가까이에 살아도 등대에 와 볼 생각을 못 했다며 좋아한다. 부부도 등대 여권에 스탬프를 찍으며 기회를 만들어 여권 속의 등대를 다녀 보겠노라며 오월 햇살처럼 화사하게 웃는다. 은퇴 후, 바닷가 근처에 터를 옮긴 부부는 일주일에 한 번 캠핑카를 타고 나가 종일 바다에서 여유시간을 즐기다가 해질녘이면 집게와 자루를 들고 해안에 버려진 쓰레기를 담아 온다고 한다. 연금을 받으며 여생을 편하게 보내고 있으니 쓰레기 줍는 일 정도는 마땅히 해야 한단다.

바닷가의 환경을 지키는 이들 부부 역시 등대라는 생각이 든다. 누가 책임을 지워준 것은 아니지만 스스로 찾아 실천하는 성숙한 의식이 참으로 아름답다. 그리고 불편한 나를 위해 기꺼이 길잡이를 자청한 부부야말로 바다를 비추는 등대와 다를 바 없지 않은가. 나 또한 작은 불빛이라도 비추는 누군가의 등대이고 싶은 이유가 생겼다.

부부와 함께 갈매기 조형물이 있는 벤치에 앉아 고즈넉한 이 시간을 즐기고 있다. 그저 바라보기만 해도 좋은 바다가 탁한 눈을 정화해 주고, 오월의 맑은 바람은 일상에 찌든 마음을 씻어준다. 거기다 달콤하고 고소한 믹스커피 한 잔의 행복이라니! 이 순간만큼은 더 바랄 것이 없다. 편안하고 넉넉한 마음이 되어 자리에서 일어선다. 예까지 왔으니 묵호 등대도 가보잔다.

부드러운 햇살을 등에 지고 계단을 내려가는 부부의 뒷모습에 묵묵히 잘 살아온 내력이 담겨 있다. 동해의 푸른 향기를 읽으며 영금정의 파도 소리를 보고 돌아가는 길, 생각 속에 자신을 가두지 말 일이다. 길을 나서지 않았다면 만날 수 없는 것, 느끼고 볼 수 없는 것들을 만나는 기쁨이 무엇보다 크다.

뒤돌아 등대를 바라본다. 늦은 오후 해를 등지고 서 있는 등대는 여전히 위풍당당하다. 가고 싶은 길 머뭇대지 말고 기죽지도 말라며 등대는 토닥토닥 내 등을 민다.

논골 담화談畵에 새긴 소박한 삶의 이야기

동해

묵호등대

어쩌다 보니 묵호등대에 세 번이나 오게 되었다. 처음에는 속초등대를 갔다가 들렀고 두 번째는 강원도 고성에서 내려오면서 들렀는데 비가 많이 와서 그야말로 눈도장만 찍고 왔다.

다시 묵호등대를 찾은 것은 코로나19 감염병으로 우리의 일상이 격리되고 있던 때였다. 그동안 사스나 신종플루, 메르스 때와 같이 사람들은 곧 끝나지 않을까 하는 낙관론을 폈지만, 이번엔 뭔가 심상치 않았다. 당연하게 누리던 일상을 잃어버린 사람들은 '코로나 블루'에 힘들어했다. 나 역시 예외일 수 없었다. 봄은 어김없이 찾아오고 비행기가 날지 않는 하늘은 전에 없이 맑았다. 미세먼지도 사라진 듯했다.

등댓길은 대체로 한갓져서 사람들이 붐비지 않는 편이다. 묵호등대를 다시 보고 싶었다. 등대 아래 논골 담길도 걷고 싶어 길을 나섰다. 마스크를 쓰고 도시락도 준비했다. 정오가 다 되어 등대에 도착했는데 입구에 출입을 통제한다는 안내문이 붙어 있었다. 그리운 사람을 안에 두고 만나지 못하는 것처럼 한동안 문 앞에서 서성거렸다. 코로나 바이러

스는 모든 것과의 단절을 의미하기도 했다.

등대 주변을 돌며 묵호 바다의 싱그러운 공기를 마시는 것만으로도 숨통이 트이는 것 같았다. 정오의 햇살에 일광욕을 즐기는 눈부신 등대는 바라보기만 해도 좋았다.

묵호등대는 묵호항 해안의 가장 높은 곳에 있다. 동해 연안을 항해하는 선박과 묵호항을 찾는 선박들의 길잡이 역할을 한다. 묵호등대는 1963년 6월에 세워졌으며 불빛은 약 48km 떨어진 먼 바다까지 비춘다. 등대 아래 자리한 논골담길 벽화마을은 1941년 묵호항이 개항하면서 마을이 형성되었다.

논골 담길에는 묵호항의 역사와 바닷가 주민의 삶이 깃든 담화가 벽에 새겨져 있다. 어획량의 주를 이루었던 명태와 오징어가 예전처럼 많이 잡히지 않게 되자, 2010년 마을 어르신과 예술가가 소통하고 합심해 그림을 그렸다. '벽화'가 아니라 '담화談畵'라고 표현하는 이유이다.

논골 마을에 형성된 논골 담길은 논골1길, 2길, 3길, 등대오름길 등 총 네 구역으로 나뉘며 어느 곳으로 올라가더라도 묵호등대에서 만난다. 굽이진 언덕길을 따라가다 보면 '신랑 없이 살아도 장화 없인 못 살고'라는 글귀가 눈에 든다. 큰 보따리를 머리에 인 할머니, 명태와 오징어를 나르는

지게꾼 등 마을 사람들의 소박한 삶이 담긴 그림을 볼 수 있다.

논골1길 끝자락의 ‘바람의 언덕’은 논골 담길에서 가장 아름다운 풍광을 자랑한다. 동해를 배경으로 사진을 남길 수 있는 포토존이 있고, 묵호항 일대와 알록달록한 지붕을 머리에 이고 있는 마을의 모습이 한눈에 담긴다.

처음 묵호등대를 찾았을 때부터 논골 담길 벽화마을에 눈길이 머물렀다. 이곳 민박집에서 하룻밤 묵고 싶었으나 그러질 못했다. 별빛과 등댓불과 오징어 배의 집어등이 새벽 바다를 비추었다는 묵호의 밤바다를 보고 싶었다. 오징어와

명태를 많이 잡았던 묵호 어민들의 보금자리 논골은 이제 그 시절의 이야기만 남긴 채, 담화로 전해지고 있다. 담화를 가만히 들어다보고 있으면 오징어를 잡았던 아버지들이 일생이, 지아비를 거친 바다에 떠나보냈던 어머니와 아이들의 애달팠을 삶이 아릿하게 다가왔다.

등대는 바다에 나갔으나 항구로 돌아오지 않는 배를 충혈된 눈으로 밤새 깜빡이며 기다렸으리라. 아무런 표정 없이 서 있는 것 같은 등대는, 지난 세월 논골의 사연을 모두 알고 있을 것이다. 어쩌면 코로나 바이러스로 인해 우리가 겪고 있는 고통까지도 등대는 낱낱이 새기고 있을지도 모르겠다.

'그때' 하지 않았더라면 '지금'은 없었다

고성

—

대진등대

그동안 인천 팔미도등대를 시작으로 고성 대진등대까지 우리나라 해안을 한 바퀴 돌았다. 격렬비열도등대처럼 일반인이 접근하기 힘든 곳 몇 군데만 빼면 '나의 등대지도'는 얼추 완성되었다. 꼬박 삼 년이 걸렸다.

동해안에 있는 가보지 않은 등대들을 가기 위해 날을 잡았다. 유난히 태풍이 자주 찾아왔던 2019년 가을, 태풍의 위력이 대단했다. 내일이면 출발인데 아직 태풍의 영향권이라 내심 안절부절못하고 있었다. 태풍이 지나간 곳 여기저기 피해가 속출했다.

먼 길인데다가 일기마저 불순하여 걱정이 앞섰으나 갈까 말까 망설일 때는 실행에 옮기는 것이 답이라고 했던 누군가의 말이 생각났다.

일 년 전에 끝낸 '아름다운 등대' 열다섯 곳을 완주한 뒤에도 틈틈이 가보지 않은 등대를 찾아다녔다. 이번에는 동해안에 있는 등대들을 탐방하기로 했다. 기상 악화에 갈등이 없지 않았지만, 태풍 '미탁'이 서서히 힘이 빠지고 있어 계획대로 출발할 수 있었다. 울산에서 포항까지는 그야말로 태풍 지난 후 쾌청한 날씨였다. 포항을 지나 북상할수록 날씨가 변덕을 부리기 시작했다. 먹구름이 몰려오는가 싶더니

거센 바람에 폭우가 쏟아졌다. 최종 목적지는 강원도 고성이었다. 서울에서 오는 딸과는 강릉역에서 만나기로 하였는데 강릉이 가까워지자 뇌우를 동반한 비가 물 폭탄처럼 쏟아져서 앞이 보이지 않을 지경이었다.

딸과 무사히 만나 고성에 도착했을 때 다행히 비는 그치고 하늘의 먹구름도 조금씩 걷혔다. 더 이상 올라갈 수 없는 곳에서 북쪽을 바라보았다. 연전에 서해 소청도에서 황해도 쪽을 바라볼 때처럼 긴장감이 돌고 묘한 기분이 되었다. 잊고 지내지만 우리는 아직도 분단국가라는 것을 일깨워 주는 현장이었다.

북쪽에도 등대가 있을 텐데 정확한 기록을 본 적이 없어 궁금하기만 했다. 통일전망대에서 통일을 염원하며 우리나라 최북단에 있는 대진등대로 향했다. 이날은 하루에 온갖 날씨가 다 들어 있어서 운전하기가 여간 조심스럽지 않았다. 그래도 남편은 배를 타지 않아도 되니 다행이라고 했다.

동해안은 서해에 비해 해안선이 단조로워 밋밋한 느낌이 없지 않으나 시원스레 펼쳐진 바다와 수평선, 그 위를 나는 갈매기들의 날갯짓을 보면 그 또한 장관이라 아니 할 수 없었다. 해안도로를 달려 등대에 도착했다.

대진등대는 등탑이 팔각형 콘크리트로 이루어져 있다. 그

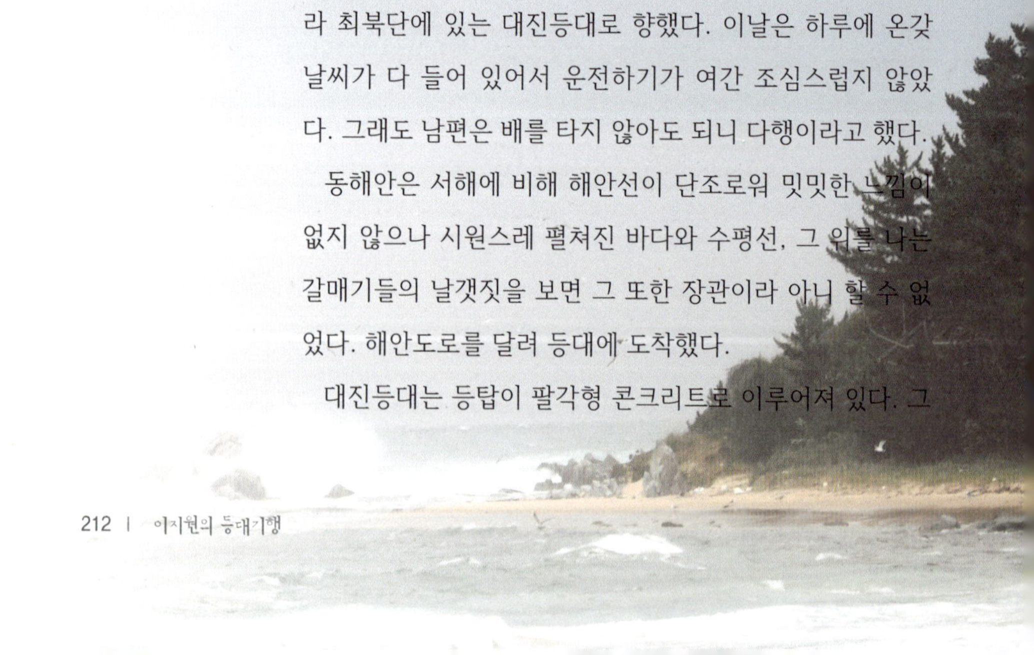

동안 비슷한 모습을 가진 등대를 보아 왔기에 특이하다 할 수는 없었다. 불빛은 약 37km까지 나아간다. 등탑 위 전망대에 오르면 동해의 아름다움을 조망할 수 있고 맑은 날이면 해금강과 멀리 북한까지도 보인다고 한다. 또한 환상적

인 일출과 일몰을 볼 수 있다는데 그날은 겨우 비가 멎었고 하늘은 흐려서 환상의 일몰은 기대할 수 없었다.

대진등대는 설치 당시 유인등대 하나와 또 다른 보조등대로 구성되어 있었다. 대진등대가 설치된 목적이 어로한계선을 표시하는 도등(2개의 등대를 연결하는 선이 어로한계선)의 역할을 하기 위해서였다. 1991년 어로한계선을 북쪽으로 5.5km로 상향 조정하면서 도등의 역할을 마치고 2년 후, 일반등대로 전환되었다. 대진등대의 또 하나의 특징은 동해안 최북단의 무인등대인 저진 도등을 원격으로 관리하는 곳이라는 점이다. 저진 도등은 어로한계선임을 표시하면서 어선들이

월북 조업하지 않도록 안전한 위치를 알려주는 역할을 하고 있다.

저진 도등의 전도등은 35m, 후도등은 20m의 높이로 홍백 사각의 콘크리트 등대이다. 현재 군사, 안전상의 이유로 전망대 출입이 통제되고 있다. 대진등대는 인근의 저진 도등과 거진등대를 무선으로 운영하고 있어 동해 최북단의 맏형 같은 등대기도 했다.

등표, 등부표 등은 알고 있었지만 도등의 역할에 대해 알게 된 날이었다. 등대는 넘지 말아야 할 선을 알려주고, 만조 때면 숨어 있는 암초도 알려주며 먼 곳에서도 위치 확인을 하여 안전한 길잡이 역할을 한다. 인생의 바다에 사는 우리에게도 생각지 못한 곳에서 만나게 되는 걸림돌에 걸려 좌초되지 않도록, 금지된 선을 넘지 않도록 불 밝혀 주는 등대들이 곁에 있다면 얼마나 좋을까. 등댓길을 무수히 걸으며 나도 누군가의 등대가 될 수 있다면 더 바랄 것이 없겠다는 생각을 했다.

다시 바람이 거세지고 있었다. 시월의 짧은 해를 생각하며 무인등대인 거진등대로 향했다. 소나무 숲을 지나 거진등대에 도착했을 때 볕뉘 같은 해가 반짝 났다. 곧 저물 해였지만 파란 하늘 아래 등대를 아름답게 비추고 있었다.

제주의 옛 등대

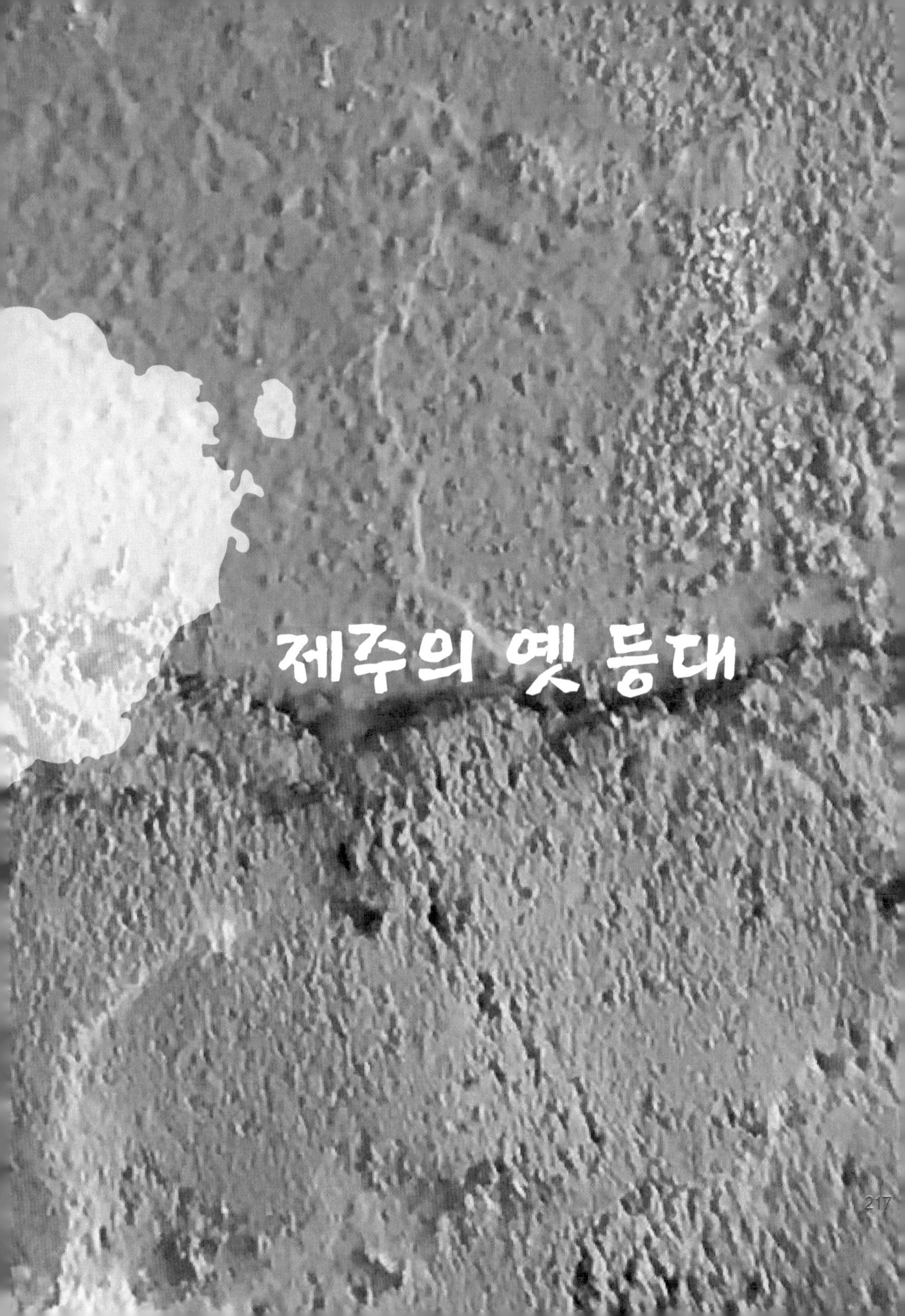

도대불을 찾아서

도대불을 보기 위해 제주를 찾은 것은 사려니 숲길에 단풍이 절정이던 늦가을이었다. 우리나라 아름다운 등대 열다섯 곳을 완주하는 과정에서 도대불을 알게 되었다. 등대 기행이 끝난 후에는 제주의 도대불을 보러 가리라 마음을 먹었다.

등대에 남다른 애정과 해박한 지식을 가지고 있는 김 선생과 연이 닿았다. 그는 제주에 살고 있었다. 공항까지 나온 그와 합류하여 제주시를 중심으로 시계 반대 방향으로 돌기로 했다. 제주도는 한라산을 중심에 두고 북제주와 남제주로 나뉜다. 제주시는 북제주에, 서귀포시는 남제주에 위치하고 있다.

도대불은 제주의 옛 등대를 부르는 말이다. 해안에 암반이나 암초가 많아 천연 포구가 발달하지 못하고 소규모의 포구가 많은 제주에서 어촌 주민들이 자발적으로 조성하고 관리까지 한 민간 등대를 말한다. 도대불은 야간 조업을 나간 어부들이 무사히 돌아올 때까지 불을 밝혔다.

도대道臺불의 어원은 '돛대처럼 높이 켠 불'이라는 뜻의 '돛대불'에서 유래했다는 설과 '길을 밝히는 도대道臺불'에서 나왔다는 설, 등대燈臺의 일본식 음인 '도두다이'에서 유래했다는 설이 있으나 어떤 것이 정설인지는 알 수 없다.

도대불은 1970년대 전기가 들어오면서부터 서서히 기능을 상실하였지만, 그전까지 제주 연안의 포구에 없어서는 안 될 중요한 역할을 하였다. 지금은 지난 세월의 흔적으로 남아 있지만 도대불을 밝히던 당시에는 생업을 위해 바다로 나간 어부들의 안위를 책임지던 길잡이였다.

이틀 동안 열두 군데의 도대를 만났다. 도대불은 돌로 쌓은 것이 특징이다. 바닷가의 봉수대라고나 할까. 모양도 마을마다 다 달랐다. 원형이 잘 보존된 것도 있고 개축된 것도 있었으며 복원된 도대와 관리가 되지 않아 방치된 도대도 있었다. 그동안 보았던 하얀 몸통의 늠름한 등대와는 판이하게 다른 모습의 도대들은 제주 어민들의 애환과 질박한 삶의 모습이 고스란히 묻어났다.

도대불은 송진이 많은 솔칵(솔의 제주 방언)으로 불을 지폈거나 비근다리 기름(두툽상어의 제주방언)이나 구린기름(생선의 내장 등을 썩혀서 끓인 기름)을 사용하기도 했으며 석유 등피 등을 이용하기도 했다. 어떤 마을의 도대불은 배가 나간 날만 불을 밝혔고, 어떤 마을은 배가 나가든 안 나가든 365일 불을 밝혔다. 불을 켜고 끄는 도대불 지킴이도 마을마다 조금씩 달랐는데 주로 포구 가까이에 사는 사람이 맡았다. 어부들이 출항하면서 직접 밝혔다가 마지막에 입항하는 어부가 불을 끄기도 했다. 어부의 아내들이 이 일을 하기도 했으며, 일정 보수를 주고 전담하는 사람을 두기도 했다. 불 밝히는 데 필요한 기름값은 어부들이 갹출하여 대었다.

귀덕리 포구에서는 등피불 담당을 '불칙'이라 하였다. 포구 가까이에 살며 나이가 들어 조업에 더 이상 종사하기 힘든 어르신이 불칙이 되어 등피불을 담당하게 했다. 대가로는 고깃배 한 척마다 한 마리에서 세 마리 정도의 고급 생선으로 수고료를 대신했다. 어부들의 합의하에 일선에서 물러난 어른을 공경하고 일거리를 맡겨 대가를 받을 수 있도록 배려하였다는 것인데, 함께 살아가는 공동체 의식이 돋보이는 대목이다. 날씨가 좋지 않아 고기잡이를 나가지 못할 때

나 물때를 기다리는 시간에는 마을의 어부들이 갯가의 돌을 주워다가 일일이 다듬어서 도대를 쌓았다. 그렇게 만들어진 도대가 제주시 용담동에 있는 '다끄내 도대'이다. 닦은포구 修根浦, 다끈개, 다끄내로 변천되었다.

다끄내 도대

제주에서 맨 먼저 만난 다끄내 도대는 방파제에 있었다. 방파제 확장 공사로 헐렸다가 복원된 것이라 한다. 처음 축조할 당시 닦은 포구의 돌들은 어디로 갔을까?

도대의 맨 위 등롱의 역할은 조막 등이 한다. 처음에는 '구린기름'이라는 어유魚油를 솜에 적셔 심지로 사용하다가 석유 등피나 카바이드 등으로 점차 바뀌어 갔다. 제주 해안은 토심이 얕아서 나무가 잘 자라지 않고 농사도 지을 수 없는 척박한 곳이라, 바다로 나가지 않을 수가 없었다. 생선의 내장조차 버리지 못하고 썩혀서 기름을 만들어야 했던 당시 포구 사람들의 고단했을 삶이 아릿하게 전해지는 것 같았다.

구엄리 도대

다끄내 도대를 보고 애월읍 구엄리에 있는 구엄리 도대와 신엄리에 있는 신엄리 도대를 보았다. 구엄리 도대는 언덕배기 위 제법 높은 지대에 자리하고 있었다. 1950년대에 세워진 구엄리 도대는 처음에는 철제 탑 위에 호롱불을 얹어 놓았다고 한다. 현재의 모습은 개축된 것으로 보였다.

구엄리에서는 도대불 관리를 마을의 구락부장과 어부부장이 맡았는데 주로 어부부장이 하였다. 당시 마을에는 열두 척의 풍선風船이 있었고 야간 조업을 나가면 주로 갈치와 고등어를 잡았다. 조업을 나간 어부는 의무적으로 생선을 한 마리씩 납부했는데 그 생선을 팔아 포구 등 제반 시설에 투자했다.

신엄리 도대

신엄리 도대는 갈대가 무성해 늦가을의 정취를 물씬 자아내고 있었다. 도대불인지 몰랐다면 의미를 부여할 수 없는, 늦가을의 분위기 있는 아름다운 풍경쯤으로 다가왔을 것이다.

애월리 도대

애월리에 있는 애월리 도대에 도착했을 때부터 날이 조금씩 흐려지기 시작했다. 애월리 도대는 1930년에서 1935년 사이에 세워졌다. 마을의 진흥회가 관리 책임을 맡았다. 여러 척의 배를 가졌으나 조업에 직접 나가지 않는 선주가 계속 석유 등피를 밝혔다. 나중에는 어부들이 교대로 불을 밝혔고 입항 종료 시 불을 껐다. 전기가 들어온 후 아무도 관리하지 않았으며 심지어 헐어 버리자는 사람도 있었다. 다행히 지금까지 남아 있다.

귀덕리 도대

한림읍에 있는 귀덕리 도대이다.

귀덕리 도대에 관한 이야기는 앞 서 설명한 바 있어 여기서는 생략한다.

두모리 도대

두모리 도대는 앞서 보았던 도대들과 모양이 많이 달랐다. 각진 모습이 왜성과 닮아 있었다. 한경면 두모리에 있는 두모리 도대는 1497년(세종 19년)에 세워진 연대燃臺 석축 위에 돌탑을 쌓아 올린 도대불이다. 도대불이 세워지기 전에는 연대 석축에 횃불을 놓아 사용하였다. 불 책임은 어부 한 사람을 지정하고 다른 어부들이 석유 값을 갹출하여 주었다. 두모리 도대는 야간 조업을 나갈 때만 불을 밝혔다.

고산리 도대

한경면 고산리에 있는 고산리 도대는 바다 건너에 차귀도를 병풍처럼 펼쳐 두고 있었다. 고산리 자구내 포구는 '차귀에 있는 하천'이라는 뜻이 담겨 있으며 이 마을 맞은편에 차귀도와 와도 일대를 합쳐 최대의 어장을 자랑했다.

이곳에 포구가 개발되기 시작한 것은 일제강점기 때로 이 시기에 선착장과 방파제를 짓고 도대불도 지었다. 일본군 부대가 수월봉 해안 일대에 군사 요새를 만들기 위하여 주둔했기 때문에 자구내에도 일본 배가 자주 드나들었다. 그런 까닭에 도대불에 올려놓았던 등피는 석유를 사용했으리라 당시 마을 어른들이 추측했다고 한다.

도대불 옆 긴 줄에는 오징어를 걸어 말리고 있었는데 옛

오징어와
고산리 도대

자료 사진과 똑같은 모습이어서 신기했다. 살아가는 방식이 그대로 답습되고 있다는 뜻일 게다.

대포동 도대

남제주 서귀포로 향하는 길은 이미 늦은 오후의 햇살이 길게 그림자를 누이고 있었다. 서귀포시 대포동 도대는 해방 전, 가파도에서 온 사람이 대포항에서 정치망을 하고 있었는데 그가 추진하여 도대를 쌓았다고 전해진다. 완공 후 한 번도 불을 밝히지 못하고 해방을 맞았고 무슨 연유인지 그 이후로도 사용하지 않았다. 한 번도 불 밝히지 못한 사연을 안고 있는 대포동 도대는 모습도 여느 도대에 비해 몸통이 가냘파서 애련한 마음이 들었다.

보목동 도대

서귀포시 보목동에 있는 보목동 도대는 1937년경 주민들이 항구를 축조하면서 지은 것이다. 마을의 이장이 관리하였고 복어 기름을 사용하였다고 한다. 해질녘에 찾은 보목동 도대는 방치된 모습이었다. 양철에 색을 칠한 조악한 횃불은 바닥에 나뒹굴고 정리되지 않은 주변이 지저분해 보였다. 사랑받지 못하면 철 지나 낡고 해진 옷처럼 남루해진다는 것을 보여 주고 있었다. 그러나 도대는 잘못이 없다. 시대가 바뀌었을 뿐. 바다에 노을이 퍼지고 있었다. 흐린 하늘이라 붉은 노을은 아니지만, 회색빛 노을이 주는 아름다움도 붉은 노을 못지않았다.

온평리 도대

일찍 출발했다고는 하나 늦가을의 짧은 해를 미처 생각지 못했다. 성산읍 온평리에 도착했을 때는 이미 해가 지고 어둠이 내렸다. 차의 헤드라이트를 켠 채 사진만 찍고 일정을 마무리했다. 가장 중요한 북촌리 도대와 김녕리 도대를 남겨 두고 있었다. 고맙게도 길잡이가 되어 주었던 김 선생이 다음 날 오전까지 시간을 내주겠다고 했다. 김 선생은 이번에 처음 만난 사람이다. 제주 도대불을 보러 가야겠다고 마음을 먹었을 때 어떻게 가야 할지 몰라 여기저기 검색을 하다 그의 블로그를 발견했다. 다소 무리한 부탁이었지만 신분을 밝히고 도움을 청하여 이루어진 것이다. 등대에 대한 애정이 남달랐기에 가능했던 일이다.

김녕리 도대

제주 해안을 왼쪽으로 돌아 다시 북제주로 왔다. 북제주군 구좌읍 김녕리에 있는 김녕리 도대는 축조 시기는 알 수 없으나 삼십여 년 전의 자료를 보면 당시 마을 노인들의 증언이 기록돼 있다. 처음 모양은 마름모꼴 형태를 갖추고 있었는데 비바람에 허물어져 재축조하여 지금의 모습이 되었다는 것이다. 재축조 당시 석공 일곱 명이 12일에 걸쳐 완공하였다. 석공으로 참여하였던 분이 증언에 의하면 노임은 오천 원이었고 절반은 현금으로 절반은 구호품인 밀가루를 받았다고 한다.

1972년 마을에 전기가 들어오기 전까지 석유 호롱불을 출어할 때 켜놓고 마지막에 들어온 어부가 껐으며 특별히 관리하는 사람 없이 어부들이 직접 관리하였다.

북촌리 도대

조천읍 북촌리 '뒷개마을'에 있는 북촌리 도대는 1915년 12월에 세워졌다. 도대불 위에 남아 있는 조그마한 표지석에 준공 일자가 기록되어 있다. 기념비에는 '등명대'燈明臺라고 새겨져 있으나 마을 사람들은 '도대불'이라 부른다. 원래는 돌로만 축조되어 있던 것을 겉에다 시멘트를 덧발라 놓았다. 꼭대기에 등피를 걸 수 있는 나무대가 있었는데 1943년 4.3 사건 때 불에 타 버렸다. 그 후에는 유리 상자를 올려놓고 카바이드 등을 넣었다고 한다.

북촌리 도대는 북촌리 사무소의 급시가 일정 보수를 받고 점등과 소등을 책임졌다. 전기가 들어오기 전까지 카바이드 불은 매일 밤 뱃길을 밝혔다.

이틀간 제주 해안을 한 바퀴 돌면서 열두 곳의 도대불을 만났다. 도대불을 밝히며 살았던 당시 어민들은 척박한 환경을 탓하지 않고 묵묵히 살아갈 방도를 찾고 마을 사람들과 협동하며 삶을 꾸려 갔다. 불 밝혀줄 사람을 정하고 잡아온 생선으로 보답했으며 기름값을 갹출하였다. 삶의 지혜가 바다의 윤슬처럼 반짝반짝 빛났다. 어느 시대든 민초들의 삶은 고단하고 눈물겹다. 하지만 주저앉지 않고 낙담하지 않으며 있는 자리에서 최선의 삶을 살아냈다. 도대불을 보면서 그때를 살았던 포구 사람들의 모습이 신기루처럼 나타났다 사라지곤 했다. 제주의 도대불은 포구의 어부와 그들의 가족을 위해 존재했기 때문이다.

*참고자료
『제주의 도대불』 이덕희 저 1997.

에필로그

등대여권을 받고 여권 속에 있는 열다섯 군데 유인등대를 다녀오는데 일 년 가까운 시간이 걸렸다. 늦가을에 시작하여 다음 해 초가을 옹도에서 마지막 스탬프를 찍는 순간, 참으로 감개무량했다. 등대를 만나러 다니는 동안 과연 이 길을 다 걸을 수 있을까 반신반의하기도 했지만, 등대지도가 완성되어 가는 기쁨에 여기까지 온 것 같기도 하고, 무언가 보이지 않는 어떤 힘에 이끌려 끝까지 갈 수 있었던 것도 같다.

섬에 있는 등대를 가기 위해 바다를 건너는 일은 사람이 예측할 수 없는 기상 변수로 한 번에 건너 본 적이 거의 없었다. 대신 육로로 가능한 곳은 몇 번씩 가기도 했다. 등대여권에 있는 열다섯 곳 중 동해안에 있는 등대는 독도와 소

매물도를 제외하면 모두 배를 타지 않아도 갈 수 있는 곳들인데 속초, 호미곶, 울기, 간절곶, 영도, 오동도 등대이다. 열거한 등대들은 이미 아름다운 등대공원으로 자리한다. 서해안에 있는 소청도, 팔미도, 옹도, 어청도, 홍도는 배를 타야 하고 등대까지 가는 길이 험한 편이지만, 가는 길과 그곳의 풍광은 그 무엇으로도 표현하기 힘든 절경을 보여준다. 제주도의 우도와 마라도등대도 마찬가지다.

2018년 5월, 인천에서 '제19차 세계등대총회'가 열렸다. 우리나라에서 처음 열린 뜻깊은 행사였다. 이 행사는 4년에 한 번 열리는 IALA 콘퍼런스, 일명 등대 올림픽이라고도 불린다. 행사의 일환으로 '세계등대 유물전시회'가 일반인에게도 개방되어 다녀왔다. 그곳에서 제주에만 있다는 '도대불'을 알게 되었다. 몇 달 후, 도대불 등대를 보기 위해 다시 제주를 찾았고 제주 해안을 한 바퀴 돌며 남아있는 도대불 열두 곳을 탐방했다. 또한 가보지 못한 등대들은 지금도 틈틈이 다니고 있는데 뱃길이 험하고 정기여객선이 없는 서해안 등대 몇 군데를 빼면 우리나라 유인등대는 거의 다 가보았다.

우리나라 등대의 역사는 그리 길지 않다. 118년 된 팔미도등대(1903)가 최초의 등대인데 세계에서 가장 오래된 등대는 기원전에 세워진 알렉산드리아의 파로스 등대이다. 이후에 생겨난 등대의 원형이기도 하며 세계 7대 불가사의의 하나로 알려져 있다.

20세기 초부터 세워지기 시작한 우리나라의 등대는 주로 일제강점기 때 그들의 필요에 의해 만들어졌다. 고단한 세월의 풍파를 견뎌온 우리의 등대, 등대 순례를 하면서 그동안 피상적으로 인식되었던 등대가 구체적으로 다가왔던 계기가 되었다.

전깃불이 없던 시절, 등대는 참으로 대단한 역할을 했다. 바다 환경이 바뀌면서 등대가 예전만큼 위상을 지키지 못한다고는 하나, 먼 바다에서 바라보는 등댓불은 아직도 독보적이다. 번성기 때 우리나라의 등대는 유인등대가 39기에 달할 정도였으나 유인등대는 점점 무인등대로 바뀌고 있다.

사유는 길을 걷는 발꿈치에서부터 시작된다고 한다. 바다를 건너 등대를 만나러 다녔던 날들은 간절함의 시간이었지만 참으로 행복한 시간이기도 했다. 빛처럼 나에게 왔던 등대여권은 만료되었지만, 나는 지금도 나머지 등댓길을 걷고 있다. 바다 건너 먼 길 걸어 만나게 되는 등대에 기대어 다시 바다를 바라보는 일, 한번 해 보고 싶지 않은가? 지상의 끝자리, 그곳에 가면 등대가 있고 등대를 닮은 사람이 살고 있다.